庫

増補 魔女と聖女

中近世ヨーロッパの光と影

池上俊一

筑摩書房

目次

プロローグ

『魔女の槌』

一四八六年、ふたりのドミニコ会士が、『魔女の槌《つち》』という本を書いた。これは、教皇の推薦を得て、大ベストセラーとなり、十七世紀にいたるまで魔女狩りの基本的なマニュアルでありつづけた。本書こそヨーロッパで、魔女狩りを正当化し、以後の大々的な魔女狩りをもたらした記念碑的書物であった。

そのなかでかれらは、魔女の特徴、妖術の原因などについてことこまかに述べるとともに、「魔女は異端者であり、背教者である。彼女らは死に値する」と断言し、それを理論づけている。

その後、この理論は、つねにくり返しくり返し唱えられた。魔女の妖術は、罪のうちでももっともひどい害を社会にあたえるにとどまらず、悪魔の大義と結びつくことで、神の業を損なうのである。魔女は、たんに異端者であるばかりか、神の教えをはっきり意識したうえでそれを捨てて悪魔に服従したのであるから、すこしの同情の余地もない。もはや彼女らを教会に引き戻す必要はなく、もし罪を告白したら、ただちに火刑を宣言すべきである。このような考えは、たちまちヨーロッパ中の裁判官に共有されることになる。『魔女の槌』は、魔女とその妖術を呪っているだけではない。本書の作者たちは、女性にとりつかれたような恐怖と嫌悪を感じているのであり、いわば女性一般を呪っているのである。

かれらは叫ぶ。

女はその迷信・情欲・欺瞞《ぎまん》・軽佻《けいちょう》において男を凌駕《りょうが》し、肉体の力の弱さを悪魔との結託でおぎなって復讐をとげる。そして妖術にすがって、執念深い淫奔《いんぽん》な欲情を満足させようとする。サバトを埋めつくしているのは女たちだ。……一人の男の魔術師にたいし、何百という魔女がいるのだから、魔女が存在しないなどと、よもやいわないでくれ。

この、歴史的な意味をもつマニュアルが成立したのは十五世紀末であるが、それに前後する時代には、魔女狩りと関連した女性恐怖と女性嫌悪がとことんまでつきつめられた。だが、それは、事態の半面にすぎなかった。

よく知られていないことだが、魔女が誕生し、魔女狩りが盛行しだした中世末から近世はじめにかけては、その美徳と超自然力の行使ゆえに称《たた》えられ崇《あが》められた聖女も、同時に増加したのである。男性の聖者にくらべて数は少ないとはいえ、その幻視や奇蹟の華々しさで史上に名をとどめたのは、男よりも女、つまり聖女であった。

裏返しの関係

どうして、つぎからつぎへと女性を火刑台にのぼらせるのに必死になっていた時代に、多くの女性が聖女として讃仰《さんぎょう》されることになったのであろうか。これは不思議である。不思議なのは時期がかさなることだけではない。魔女の超自然力と聖女の超自然力をよく観察してみると、非常ににているのである。それは裏返しの関係にある。すなわち、魔女も聖女も、なにか人間をこえた力にとりつかれている。それは、魔女の場合は悪魔であり、聖女の場合は神であるけれども。

魔女は悪魔の幻術によって幻を見るし、聖女は聖なる幻視を見る。魔女も聖女も不可思議な洞察力（予言、占い）で他人の心や未来を読める。ともに空中を飛ぶことができる。魔女は、悪魔からもらった膏薬《こうやく》をからだに塗り、箒《ほうき》にのってサバトへ飛んでゆくであろうし、聖女は聖なる身体浮揚または二所同時存在の奇蹟によって、その力を示すだろう。さらに彼女たちは、ともに身体に超自然的な印をさずかる。一方は悪魔や男夢魔のつけた印、他方は、聖痕《せいこん》である。

したがって、このように裏腹の関係にある魔女と聖女は、ときに見分けのつかないこともあった。これは教会にとっては、非常に厄介《やっかい》な問題であった。だから、聖女として崇められるべき女性が、異端や魔女として処刑されることも少なからずあったのである。フランスを救った聖処女ジャンヌ・ダルク。彼女は今では列聖されて聖女の仲間入りをしているが、当時は魔女として処刑されたのである。

一体、ヨーロッパ人は、どうしてかくも極端な女性嫌悪と女性崇拝を並存させることができたのか。そして、それは現実の女性にどんな影響をおよぼしたのか。現実の女性を直視せずに、神秘化してイメージ化するのはどうしてか。これが女性の問題であると同時に、男性の問題でもあることは当然である。

このところ「女がわからない」とか「男があぶない」とかよくいわれる。しかし、それはなにも今に始まったことではない。ヨーロッパでも日本でも、おそらくいつでもどこでもそうだったのである。ただ、「あぶない男」が「わからない女」にたいしてどう振る舞うか、居丈高に振る舞うのか萎《しお》れてしまうのか、その様式が、それぞれの文化や社会において千差万別のあらわれかたをしたのである。

このような男女の断絶と無理解に、かつてのヨーロッパの（男性中心的、家父長制的）社会は、どんな表現をあたえたのか。そしてそれにたいして、女たちはいかなる反応をしたのか、それを明らかにするのが本書の課題である。

魔性と聖性

近年、女性史関係の書物は破竹の勢いで出版されている。これは、欧米はもちろん、最近では日本でもそうである。それらのなかには、堅実で信頼のおける研究もかなりあるし、これまで埋もれて光の当てられなかった局面を掘りおこした興味深い研究も少なくない。

こうして、各時代におけるごく普通の女たちの生活が日の目を見るようになった。女性の教育・政治・経済における役割や地位、また性や結婚・家庭生活における女性の権利なども人気のテーマである。

しかしその反面、非常につまらない研究も多く、まさに玉石混淆《ぎょくせきこんこう》というのが女性史の現状である。女性がいかに抑圧されてきたかを強調したり、反対に、案外女性も、男性に伍して、社会的・経済的に重要な役割をはたしてきたとする論調のものが多いようにみうけられる。どちらにせよ、それでは旧来の問題構成の枠内にとどまってしまう。

本書では、より極端な観点から、ヨーロッパ中世・近世の女性と男女関係を見通してみたい。それは、いってみれば、男の女にたいする偏見の歴史であり、また、その偏見に抗して女がどう生き、振る舞ったかの歴史である。

本書のキーワードは、女性の「魔性」と「聖性」である。古今東西を問わず、いつでもどこでも、男性は女性を女神のように崇め憧れてきたかと思えば、それとは正反対に魔物か動物のように呪い軽蔑してもきた。昔から文学には、根強い「女性礼讃」と「女嫌い」の伝統がある。

この女性の「聖性」と「魔性」は、どの社会・文化にも見出せるものだとはいえ、ヨーロッパ中近世におけるほど強烈に噴出し、さまざまな美しい、あるいは呪わしい作品と行動を生み出した時代はない。

それでは、この強烈な「魔性」と「聖性」の幻想はいかにしてつくられたのか。そして、女たちはその「魔性」と「聖性」のはざまをかいくぐり、いかにたくましく生きたのか。それらを具体的な例を盛りこみながら明らかにしていきたい。

第1章　魔女

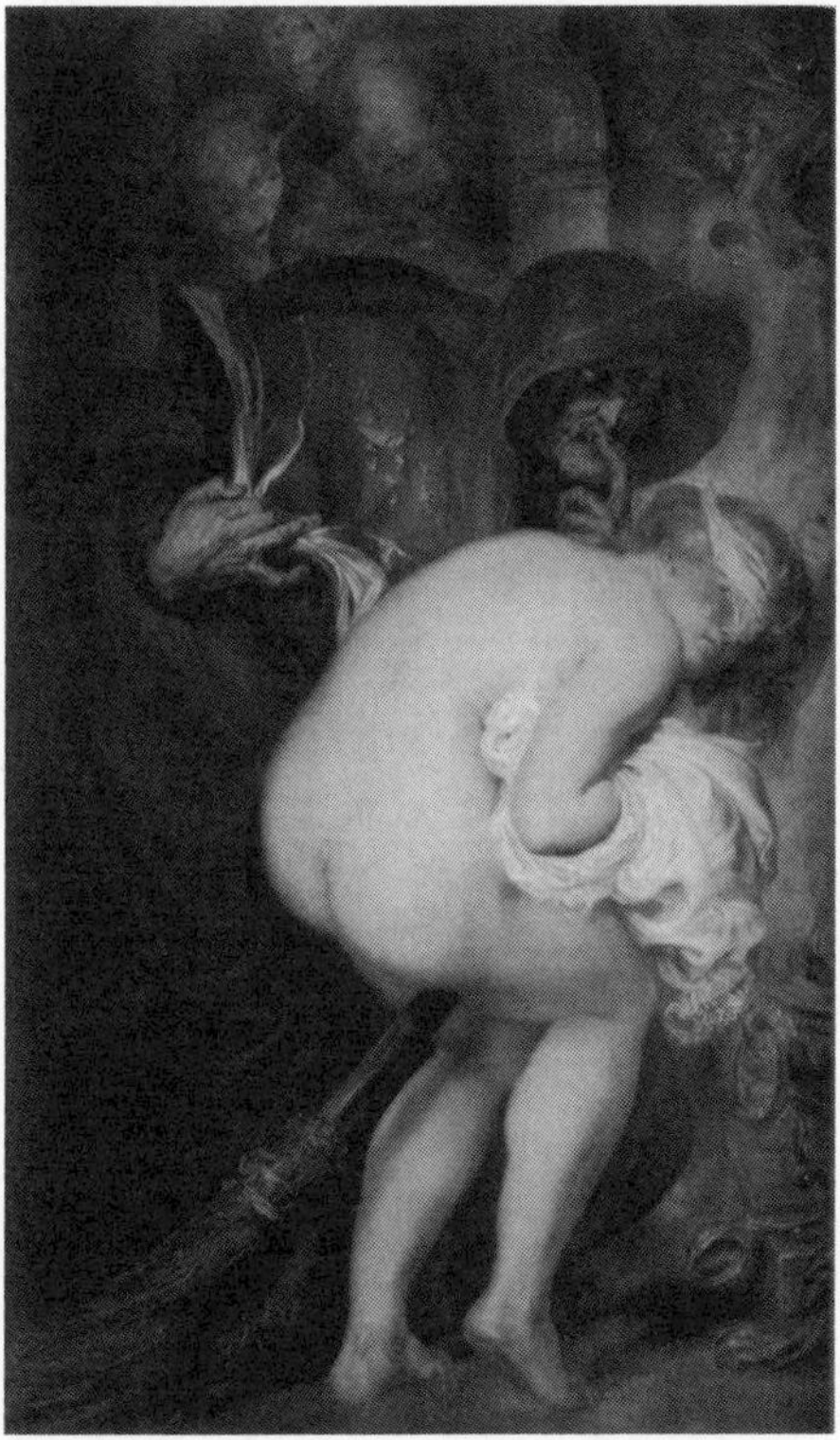

箒にまたがった魔女

1 魔女狩り

「魔女」の始まり

魔女とはなにか。

魔女は、魔女狩り以前にもいた。しかし、それはまだ魔女というより、呪術使いの女といったほうがよいだろうが。彼女たちは、神秘的な直観に加えて、しばしば医学的な知識をもって病人や怪我人をなおし、さらに、女性の多産をもたらしたり逆に堕胎《だたい》をたすけたりしていた。

このような病気癒《いや》しや呪術使いの女性は、大昔からたえることなく、人びとの日常要求に応えて存在していた。したがって、魔女あるいは魔女的存在の起源は、太古にまでさかのぼるとさえいえる。

しかし、魔女が「魔女」としてとらえられるようになる大きなステップのひとつは、十四世紀に越えられている。それは、魔女が正統なキリスト教会から異端の烙印《らくいん》を押されること、つまり指導者をいただき、誤てる教義や儀式やヒエラルキーをもつセクトであるとされるようになった段階である。

そして、そうした魔女の存在への確信に加えて、魔女を他のものから見分ける指標・基準ができたとき、彼女たちは、集団として、セクトとして追及されはじめる。

十四世紀を代表する異端審問官《いたんしんもん》ベルナール・ギーは、夫婦を不和にさせ、未来を予言し、病を癒し、隠された宝を見つけられるという者に注意するよう促している。かれは異端審問の手引書のなかで、それらの「悪霊の祈願者」を、他のもろもろの異端のあいだに入れて記している。

その後、妖術の拡張におびえる教皇は、その邪説のドグマ的性格を確認し、魔女を最悪の異端として追及する許可を、異端審問官にあたえた。一方、多くの神学者・悪魔学者は、魔女に共通の特徴、その見分け方を論じあった。そうした結果、十四世紀末には、一種の悪魔教としての魔女のセクトの存在が自明視されるようになった。

かくて、かつての病気癒しの女は、悪魔と結託した「魔女」となる。南東フランスのヴィヴァレの裁判所で一六五六年に裁かれたイザボー・シェイネの告白を聞こう。

彼女は答えた。一一歳のころ足が悪くなり、なおしてもらうためにドーフィネ地方のモンテリマールの、町のはずれにいる女に会いにいったという。女は悪魔の力を借りて彼女をなおした。そして二―三週間後、またそこに戻って女に会った。女は彼女を、あちこちの森や山にあるサバトにつれていった。最初のとき、悪魔は彼女に話をしにやってきて、彼女に沢山の金をやろうと約束した。彼女は貧しかったので、金が必要であった。実際、悪魔は、何枚かの銀貨をあたえた。が、家に帰ってみたら、それはツゲの葉であった。

血の契約書

一般に、魔女は、つぎのような悪辣《あくらつ》な業を周囲の住民におこなった。呪いをかけて夫婦を離反させ、不妊・不能にする。赤ん坊を窒息《ちっそく》させ、家畜を殺したり病気にする。人間のからだ、とりわけ農民にとっての富の源泉である両腕を麻痺《まひ》させたり攻撃したりする。嵐をおこし、畑に雹《ひょう》をふらせる。

彼女の肉体自体、武器である。彼女はからだからひどい臭いを発し、彼女を捕えようとするものを無力にする。そしてその目は邪視《じゃし》(忌《い》まわしい視線)を発し、それに見つめられた者は、狂気におちいる。

魔女の証拠はいくらもあるが、もっとも簡単な見分け方として悪魔学者に考えられたのは、「涙の欠如」であった。悪魔との契約は涙を流せなくする。だから一旦、改悛《かいしゅん》し告白すれば、ふたたび涙を流すことができるようになった。

ではなぜ、魔女と涙が関係するのか。涙とは改悛したものが罪を洗い流すのに役だつ。それは神の怒りをやわらげる。このような涙が、キリスト教徒の救済の敵である悪魔に快いはずはないから、できるかぎりそれを流させないようにするのだと説明された。

サバトへ飛んでいくための膏薬づくり

悪魔と魔女は、血の契約書を交わす。悪魔は魔女に、呪われた超自然力をさずける。そのかわりに、魔女は生涯、悪魔につかえることを誓う。十字架をふみにじって、イエス・キリストもマリアももろもろの聖者もローマ＝カトリック教会も、それらのとりなしや祈りの力も、すべて否定する。そうした内容を自分の血で記し、署名する。

この契約がなりたつと、魔女は、自分のからだの一部、爪や髪の毛や血を悪魔にプレゼントする。悪魔は彼女に金銀をあたえ、今後定期的にサバトに飛んでくるための膏薬をあたえ、さらに地上での悪行のために、伝染病を起こす黒か灰色の粉末をあたえる。

魔女はその家に、手下たる「使い魔」をモグラ、コウモリ、カエル、トカゲなどとして飼いならす。自らはたえず男夢魔と交わって、飽くことのない性欲を満たす。

エリートの告発

魔女にしたてあげられた女たちは、社会的には貧窮したアウトサイダーであった。都市民はすくなく、大半が農村の貧しい女性であった。

彼女らは、どん底の人びととつきあった。人びとは、秘密の力、予言の力をもつ彼女を頼った。畏怖の念をいだきつつ、彼女に家畜の病を癒してもらい、憎い相手に呪いをかけてもらい、愛の成就を助けてもらった。彼女には薬草の知識があり、産婆術に通暁《つうぎょう》し、毒物の調合方法を知っており、また恋愛を助ける、あるいは損なう薬の調合も心得ていた。

つまり、魔女と呼ばれた人びとは、不思議な超自然力の持ち主であることはおなじでも、「魔女」の悪事とちょうど反対の善行を、住民たちの要求に応えておこなっていたのである。それなのに、なぜ、彼女たちは「魔女」として告発されることになったのであろうか。それは、都市のエリートである司法官や教会改革者の目に、彼女らが道徳意識も政治的良識もない厄介者にうつったからであった。彼女の存在が、住民をあいかわらず異教の迷蒙に染まらせ、また、あるべき秩序をおびやかすと思われたのである。

だから彼女たちを根こそぎ共同体から排除するために、権力を握るエリートは、機会あるごとに住民を促してこれらの「不穏分子」を駆りだそうとした。

布教活動により罪悪感を植えつけられ、また経済的変容をうまく乗りきった中・上層農民を使って、社会秩序を守るのは容易であった。危機にある共同体にわだかまる憎悪や復讐の抑圧された本能を、裁判が社会的抑圧の道具としてもちい、もてる民衆ともたざる民衆を対立させればよかったからである。

裁判官・法律家は善と悪の宇宙大の戦いの実在を信じ、おそらくはほんとうに信じ、その考えを書物と説教で一般に普及させていった。魔女に寛大な裁判官がいれば、「神の民」の敵とされることになった。

魔女狩りが大展開されたのは、十六世紀以降であった。つまり、中世を暗黒の時代だと呪ったルネサンスや宗教改革の時代にこそ、なんの罪咎《とが》もない女性を魔女として、火刑台に送りこんでいたのである。

カトリックと新教の角逐

とりわけ魔女狩りで悪名高かったのは、まずアルプスの麓《ふもと》、ジュラ山脈、ヴォージュ山地、ピレネー山脈やその周辺など、高地の裁判所だった。ついでイタリアのピエモンテ地方、フランスのギエンヌ地方、アルトワ地方、ロレーヌ地方やフランシュ＝コンテ地方、さらにドイツのライン地方、南ドイツ、そしてベルギー全域の裁判所であった。

これらは、古い異教的伝統ののこる山岳地帯や森林地帯であったり、いくつかの文化の合流する辺境であったり、カトリックとプロテスタントの角逐《かくちく》の場であったりという特徴がある。とくに十六世紀後半以降、ヨーロッパ中で魔女狩りが展開されるのは、カトリックとプロテスタントの双方に責任があった。

まず、プロテスタントの布教家によって、これまで魔女狩りの存在しなかったあらたな地方に迫害がもたらされた。それは、ドイツ各地やスコットランド、フランドル、ネーデルラントであった。

その後、カトリックがプロテスタントの地域を再征服するとともに、また大規模な魔女狩りがおこなわれた。一五九〇年代のドイツ、フランドル、ラインラントで迫害の嵐が吹きあれ、さらに一六二七年から九年にも大迫害があった。

つまり、プロテスタントとカトリック相互の攻防、布教活動とむすびついて、魔女狩りの火の手は一段とはげしく燃えたことが知れる。敵地に進出してゆく過程で、それをさまたげる可能性のある者を、悪魔の手下として弾圧していくのである。

とくにはげしさで際だっていたのは、十七世紀最初の四半世紀であり、ついで一六四〇年代、一六六〇年代と間欠的に魔女狩りの火の手があがった。一六五〇年代に懐疑的な風潮があらわれ、十七世紀末には、ヨーロッパ全域からほぼ魔女狩りの炎は消えさった。

ボルドーで一年に四〇〇人

では、どの地域でどのくらいの魔女が生まれたのだろうか。実際に火刑台にのぼったのはどの程度の人数であったのであろうか。これについては、その数を非常に多くみつもる見解と、そうではないとする見解とに分かれる。

衝撃的な数字をあげてみよう。まずフランスでは、ボルドーの高等法院で、裁判官ピエール・ド・ランクルが、一五七七年だけで四〇〇人の魔女の処刑を命じたようである。ロレーヌ地方の裁判官ニコラ・レミは、一五七六―一六〇六年に二〇〇〇―三〇〇〇人の魔女に死刑をいいわたした。一五〇〇年から一六五〇年の間には、ナミュール伯領で七八人が火刑にあった。ストラスブールでは、一五八二年十月だけで一三四人の魔女が燃やされた。

ドイツでは、熱狂的なカトリック擁護者であるトリエルの大司教＝選定侯ヨハン・フォン・シェーネブルクが、一五八七―九三年のあいだに二二村で三六八人を魔女として焼いた。

おなじくカトリック再征服とあわせて、ヴュルツブルク司教のフィリップ・アドルフ・フォン・エーレンベルクは一六二三―三一年の八年間に九〇〇人を燃やした。またアイヒシュタット＝バイエルンの司教区では、裁判官は一六二九年のみで二七四人を死においやった。

このようなカトリックの再征服にともなう一六二〇年代の魔女大迫害は、しかしドイツで荒れ狂ったにとどまらず、フランスでもアルザス、ロレーヌ、フランシュ＝コンテなどで荒れ狂った。

ヨーロッパ随一の「魔女狩り」の国であるドイツでは、結局、一五〇〇年から一七四九年に三万人以上が火刑台にのぼったであろうといわれる。

忘れずにつけ加えておくが、迫害された魔女には男（魔男）もいたけれども、どの地域でも一―二割をこえることはほとんどなかった。

2 魔女集会「サバト」

魔女のセクト

すでにみたように、呪術をおこなう女性自体は、かなり古くからヨーロッパにいた。それが悪魔との結託の度合を次第にふかめて、悪事がひどいものになったとき、というよりもより正確には、それが教会のイデオロギーの影響でそのように「見えるようになった」とき、聖俗の当局は彼女らを「魔女」として、一挙に追及に乗りだしたのである。

しかし、もうひとつの「魔女」誕生の指標はサバト、すなわち「魔女集会」の存在である。バラバラに孤立した古い魔女にかわって、悪魔を真ん中にした集会に、何百・何千という多数の魔女（魔女のセクト）が集まるようになる、その一定の集合場所の成立が、本来の「魔女」と魔女狩りの誕生に符合しているのである。

もうすこし詳しくサバトについて説明してみよう。魔女たちがサバトに赴くのは、日が暮れてからであった。ときに箒《ほうき》にのって空を飛んで、ときに動物にまたがったり自ら動物に変身してである。この「夜間飛行」と変身は、民俗的要素の影響であろう。

そしてその民俗的要素のもとには、非常に古くから農村社会に存在するシャーマニスティックな豊饒《ほうじょう》儀礼があるようである。動物にのって、または動物に変身して死者の国に旅立つ魔女（の前身）たちには、小麦の生命力を回復するために、また畑の豊饒を確保するために、その死者や精霊の神秘的な行列に参加するという目標がある。また逆に、それによって、彼女たちは予言や幻視の能力を手にいれることができたのだろう。

そのような民俗的イメージ、およびそれを現実化した儀式などの存在に、エリートたち、つまり判事・異端審問官・悪魔学者らの洗練された妄想が合体して、サバトができたのではないかといわれている。

そのエリートの妄想というのは、キリスト教社会に敵対する悪魔の霊感を受けたセクトがおり、魔女たちはそのセクトにキリスト教を捨てて十字架と秘蹟《ひせき》を冒瀆《ぼうとく》してから入り、定期的に集会をもよおすというものである。

かれらが魔女たちを組織としてとらえるよう促されたのは、当時の人びとがキリスト教会を有機体のイメージでとらえていたからである。教会はイエスの神秘的体軀であり、その頭はローマ＝カトリック教会、四肢は信徒であった。同様に魔女たちも、悪魔を頭とする身体の一部になっているはずである。かれらがサバトを重要視したのもそのせいである。

民俗的要素とエリートの妄想の合体が最初に起きたのが西アルプス地方で、一三五〇年頃のことである。その地方になぜまた最初に起きたのか。それは、そこに異端のひとつワルドー派の残党が割拠していたからだといわれる。かれらの教義には、もうずっと以前から、局地的な民俗的伝承が異端説と混淆《こんこう》していたため、異端追及が魔女追及の様相を呈するようになったのだという。

魔女の夜間飛行

説教師の活躍

まもなくサバトの表象は普及しはじめる。司法官や悪魔学者とともに、風紀の粛正を説いてまわる説教師が、サバトのイメージ普及のために活躍する。イタリアでは、シエナのベルナルディーノの活躍がめざましい。かれの説教は、ローマでもトーディでも、サバトのイメージを民心に植えつけた。

ベルナルディーノが説教したイタリア中部のトーディでは、説教の二年後、一四二八年にマンテウッチア・ディ・フランチェスコが魔女として捕えられた。彼女は、自らのおこなった、治癒を目的とした呪いや恋愛魔法を長々と列挙した。そしてその後に、新生児の血でつくられた膏薬で体をこすってハエに変身し、ヤギの姿の悪魔に乗ってベンヴェヌートのサバトに赴いたと告白したのである。

それ以後はもうヨーロッパ中で、どの魔女も、判で押したようにサバト行を告白することになる。ただし地方によっては普及の遅れるところ（ドイツや、イタリアのフリウーリや、ほとんどないところ（イングランド）もあったが。

ところで、最初の明確なサバトへの言及と思われるのは、一四〇九年、ドーフィネ地方とレマン湖近辺の地方の記録である。ユダヤ人とキリスト教徒のグループが、それぞれの信仰に反する儀式をおこなっていると、異端審問が断罪している件である。

しかし、サバトが発展し定着するのは、一四五〇年以降である。そして一四八六年に

『魔女の槌』が出版されて、サバト参加の有無が、魔女の審問の最重要要件となるのである。

悪魔の儀式

さて、サバトへいくために、魔女は非常に苦労して、奇妙な材料を調合して膏薬をつくる。材料は、ヘビやカエルや髪の毛や聖体パンや経血であった。この膏薬を塗らないと空を飛んでサバトにいけないという説、そうではなく膏薬を塗っても塗らなくても、悪霊が彼女たちを運んでくれるという説、どちらの見解もあった。

ともかく、彼女たちはしばしば箒《ほうき》や棒にまたがって空を飛んで旅行するのである。それは、肉体と魂両方が旅行するのか、あるいは魂だけなのか、そこでも見解が分かれた。

かくて、サバトに集った魔女たちは、悪魔の前にいたってかれに忠誠を誓う。彼女は神から身をそむけて、その被造物を崇めるのであり、まさに偶像崇拝の罪におちいるわけである。魔女は悪魔の肛門に接吻《せっぷん》して、臣従を誓う。そして青い炎の蠟燭《ろうそく》をささげる。

悪魔はいろんな化け物や動物の姿をしているが、しばしば山羊の姿である。山羊は、むかしから悪徳の権化であったから。魔女たちはキリスト教の洗礼の恩恵を放棄し、それから新たな洗礼が、聖油と男の精液をまぜたものでおこなわれる。

前出のピエール・ド・ランクルが訊問したフランス南西部アンダイの魔女マリ・ダスピ

ルクエットは、七歳のときからサバトに通いつめたという。先輩魔女につれられ空を飛んでサバトに着くと、山羊姿の悪魔に迎えられた。この山羊の尻には黒人の顔がついていて、マリは接吻《せつぷん》を強要された。

そのサバトではヴァイオリン、トランペット、太鼓がにぎやかに演奏され、魔女たちは法悦のていで踊りくるっていた。人前をはばからずに乱交し、酒池肉林の騒ぎであった。幾人かの魔女はカエルの頭を切り、クモや一種の灌木《かんぼく》の樹皮・髄などとともに粉にして、人を殺し穀物を枯らすための秘薬をつくっていた。また別の魔女は、裁判にかけられたときに自供しないための「黙秘薬」を、黒い粟の練り粉と洗礼前の子供の肝臓でつくっていたという。

サバトの人肉喰いの饗宴では、子供の肉が好んで食べられる。一六一三年、マリ・ド・サンスという魔女は告白する。

わたしは手ずから何人もの子供を殺しました。わたしは、ある者たちの髪の毛を引き抜き、他の者たちの心臓とこめかみを針で突き刺しました。また他の者たちを便所やかまどに投げ入れました。わたしはさらに別の者らを、オオカミ、ライオン、ヘビその他の動物に投げあたえて食べさせました。わたしは、かれらを腕、足、陰部でつるしました。わたしは、ある者たちを塩のように細かく切り刻みました。また他の者

魔女たちは悪魔の肛門に接吻をする

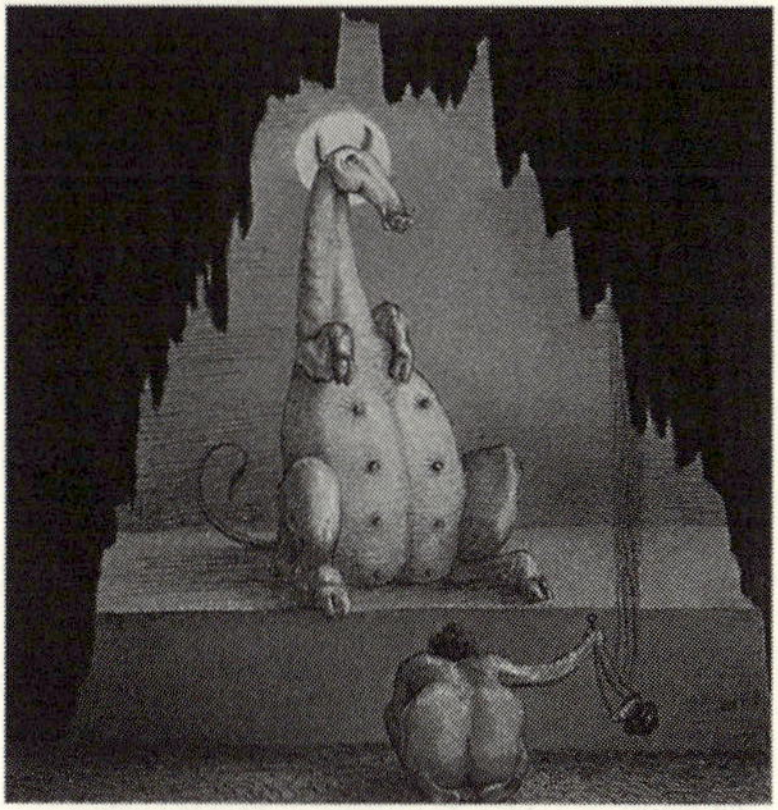

山羊姿の悪魔を礼拝する魔女

の脳天を壁にぶつけてつぶしました。そして別の者の皮をはぎました。

社会不安の犠牲者

もともと数も少なくバラバラに分散していた魔女たちがセクトをなし、一カ所（サバト）に集合するという考え方は、同時期の他のアウトサイダーのグループ、つまり娼婦、ユダヤ人、同性愛者、ライ病者、貧者らを隔離・迫害したことと呼応している。社会の安寧をおびやかす諸々のグループは不断にたくらみをねり、毒をまき、おぞましい業をなしていると考えられたのである。

十四世紀半ばから後半にかけてヨーロッパを襲ったペストをはじめとする疫病の数々が、その恐怖と憎悪のテンションを高揚させたことは疑いない。こうした時期に、反社会グループが結集して社会転覆を画策していると妄想し、その結果かれらをひとからげにして裁断しようとしたのであろう。

サバトは、空想の産物であるが、実際にあちこちに現存するものとして、その地理的位置が確定された。ドイツのハルツ山脈のブロッケン山などの山岳地や、人気《ひとけ》のない荒地がサバト会場と目された。なかには、町の広場や城、教会のなかでさえサバトはとりおこなわれると主張する悪魔学者もいた。

3　魔女裁判と拷問

「目利き」の権威

では、魔女が「魔女」として特定されるのはいかにしてか。そして彼女はどのような審理に付され、断罪・処刑されるのか。

まず、噂が村に飛び交いはじめる。どの村にも、なかば敬意を表されながら、同時に恐れを感じさせる年のいった女性がいた。かならずいた。彼女たちはすでに述べたように、民衆文化の結節点に位置する病気癒しの専門家であったり、占いやお祓《はら》いを生業としたりする者たちであった。

その他には、気がふれたり、貧窮の底にしずんだりして、共同体からはじき出された者、彼女たちも猜疑《さいぎ》の目で見られやすかった。こうした女性のうえに、なんらかの天変地異や説明のつかない疫病が起こったとき、または共同体内部に危機的な亀裂が走ったとき、怨《えん》嗟《さ》の矢が突き立てられた。

共同体内部の危機というのは、中世的な、円満な役割分担や社会的結合関係がくずれていくことをさす。人口激増や資本主義の進展のために貧富の差が増大したり、あらたな階層の擡頭《たいとう》などとともに階層間の対立が深まったのである。

だが、噂が自然発生的にわき起こるのが、プロセスを始動させるすべてのケースではない。魔女を嗅ぎあてる名うての「目利き《めき》」が、諸国をわたり歩いて、指弾の鋭い叫びをあげるというのが、もうひとつの魔女発見方法であった。

「目利き」とは、教会関係者ではなく、たとえば羊飼いなどのしがない者であった。しかしその信用は絶対であった。ブルゴーニュ地方で十七世紀に活躍した「目利き」は、各地をところせましと歩きまわって、魔女の瞳のなかの悪魔の印をみわけた。この「目利き」にかれによっておびただしい魔女が発見され、裁判所に引き渡された。この「目利き」には、高等法院は懐疑的であったが、下級裁判所はこれを信じて、さかんに利用したという。「あの女だ。あの女の目を見てみよ。あれが魔女だ」こう息せき切って指摘されるとだれも反論できない、そんな不思議な「権威」を体現した「目利き」が、十五世紀から十七世紀のフランスには横行していた。

こうして噂をたてられ、「目利き」の視線の網に引っかかった薄幸の女たちのもとには、時をおかずして官憲がやってきて、つぎつぎに引きたてていく。彼女たちは、魔女容疑者として裁判に付されることになる。

もともと妖術、つまり魔女を裁くのは、教会裁判所の管轄《かんかつ》であった。が、十五世紀末には主導権は世俗裁判所にうつり、教会裁判所は予審（証拠調べ）を担当するにすぎなくなる。魔女狩りに熱心だったのは、上級裁判所よりも下級裁判所であった。中央集権が脆弱で、都市や地方の自律性の大きかったドイツで、魔女狩りがもっともはげしかったのはそのためである。

淫乱な魔女

それでは裁判はいかに展開するのか、それを簡単に見てみよう。

魔女は、魔女である確証がないと有罪になることはなく、ましてや処刑されることはない。なのになぜかくも多くの魔女が有罪とされ火刑台にのぼったのか、不思議といえば不思議である。それらすべての魔女たちの罪過には、しっかとした確証があったのか。だとすればいかにしてその確証は得られたのであろうか。

その確証の種類やその入手のしかたは、次節で紹介する「悪魔学」が教えたのであるが、それを実践にうつしたのが、裁判と拷問であった。

裁判では、とくに魔女の淫乱さがあげつらわれた。淫乱な女は、魔女のうたがいがある。魔女はだれでも淫乱で、それはそもそも、そのからだの体質からしてそうなのである。その淫《みだ》らさは魔術と密接な関係にある。なぜなら、恥知らずな魔女は悪魔の肛門に甘美な接吻をし、サバトでは酒池肉林の淫行が狂ったようにくり返される。だから裁判の過程で、その悪魔的淫乱の確証を得ることが、第一の大きな証拠調べとなった。

まず、被疑者の尋問と証人の尋問がある。証言は、女でも子供でも、誰がしたものでも採用された。しかし、被疑者がたんなる尋問で自供することは、まずありえなかった。そこで、彼女らが媚薬《びやく》（または、沈黙を守らせるために悪魔があたえた「黙秘薬」）を衣服の下、体毛のなか、いや尻や陰部にさえ隠しもっていないかの徹底的な調査がおこなわれた。

衣服を脱がせて真っ裸にさせる。そして裁判官の淫らな視線が、女のからだの表面をはい回る。つぎに体中の毛を剃る。どこに隠しもっているかわからないのだから、毛髪から脇毛、そして恥毛にいたるまで、徹底的に。

たとえば一四八五年、ブルビア伯領とオーストリア大公領の境界ちかくで、異端審問官は、四一人の魔女の毛を剃るために、彼女らのからだにロウを塗りつけさせた。

ただし、ドイツではこの毛剃りにいささかためらいがあったと見えて、とくに恥部の毛を剃るのはやりすぎとして控えるケースもあった、ということをドイツの異端審問官の名誉のためにつけ加えておこう。

だが他の国々では、ためらうことなく毛剃りをおこなった。

公然たるサディズム

このように毛剃りをおこなって体中調べあげていくと、秘密の膏薬はたいてい見つかった。というのも、魔女の嫌疑をかけられたのは、しばしばしがない農婦であり、精神薄弱であり、放浪女であったから。彼女たちの不潔な日常生活は、からだのあちこちに垢《あか》、羽毛、藁屑《わらくず》をくっつけるのを容易にしたから、それは秘薬を必死で探すものにとっては、目当ての秘薬そのものに見えたであろう。

さて、もしからだのどこにも秘薬がないとわかると、こんどは、魔女容疑者の裸体に針をつぎつぎ刺してゆく。それは、悪魔が魔女にとり付くときに彼女のからだに残した小さな跡・印を発見するためである。その跡は、無痛覚の皮膚部分がそれにほかならない。そこで、胸、腿、脚、といった具合に、針をつきたてていく。

たとえば、ジュネーヴで一六五二年三月、二人の外科医ルイ・ノエルとタビュイは、貧しい老女ミシェ・ショドロン（四月六日刑死）を訪れたという。

彼女を目隠しして、われわれは、針でからだを刺していった。何箇所か、血がほとばしって激痛のはしる印を見つけたほかに、右乳房の下、三指幅のところに、豆粒大の印を見つけた。そこには、親指ほどの長さの針を突き刺したが、女はなんの痛みも感じないようであり、血も出ず、ぬいた針にも血はついていなかった。以上の証拠から、これはまったく異常であり、彼女は魔女の疑いがある。

いったい裁判官たちは、何をやっているのであろうか。こんなふうにつぶさに書いてくるだけで、恥ずかしさと気味の悪さに身内がゾクゾクしてくる。これは、サディストの変態と変わらないではないか。

なぜに、司法官たちが、権力をかさにきて公然とサディズムに耽《ふけ》ったのか。それは中世末・近世の魔女、ひいては女性の問題を考えるうえでとても大切なことであると思うが、そのことは、おいおい検討していこう。

水責め、火炙り、爪剝ぎ……

裁判は、こうしたサディスティックではあるが、温和な取り調べのみで尽くされるのではもちろんない。そこでは、さらに残酷な拷問がくりひろげられる。

しかし、拷問はつねに用いられたのではなく、たんなる尋問では引き出すべき自供が得られないときにのみおこなわれた。また拷問には、自分が魔女であることを証言させる以上に、共犯者を見つけるという目的があった。妖術はキリスト教世界覆滅の「陰謀」にほかならず、魔女は集団でその活動を展開しているからである。

じつに多様な拷問がある。第一段階としてさまざまな拷問用具を見せたり、拷問を受けているものの（嘘の）苦痛の叫びや呻《うめ》きを聞かせたりするのがある。

それで告白しないものは、ついで本当の拷問にかけられる。まず第一に「水責め」がある。これは、魔女の容疑者の手足を壁の金具に固定し、彼女を台の上にのせて九リットルあまりの水を飲ませ、それで駄目だとまた九リットル飲ます。

つぎに「足炙《あぶ》り」の拷問、これは、のばした両足を縄できつくしばり、足の裏に油をぬって火で炙ってこがす。足のみでなく、脇の下、頰《ほお》、性器も、油や硫黄《いおう》をぬって燃やした。「爪剝《は》ぎ」は、尖った鉄を爪の下にいれて爪を剝がす。これはもっとも効果的な拷問であり、悪魔学者の代表といえるジャン・ボダンも推薦している。さらに「足責め」は、木片を脛《すね》にあてがって木の角と縄でしめあげる。「肢体牽引《したいけんいん》」は、拷問台や梯子《はしご》に体をしばりつけて引き裂かんばかりに引っぱるものだった。より広く見られた「ストラッパード」は、背中で結ばれた両腕を滑車でもちあげ、足に重しをつけた。

これらの拷問は、ときに全面鏡張りの部屋でおこなわれた。それは、裁判官をはじめとする見物人のサディズムに奉仕するとともに、拷問を受けるものにとって、その責め苦を何倍にも見せるという効果があった。

一回目の拷問と二度目の拷問のあいだには、少なくとも一日以上の間隔があけられた。それはつぎに忍ぶべき苦痛にたいする恐怖を十分味わわせ、その苦痛を引きのばすためであり、決して温情をかけられたわけではない。

拷問のくり返しが禁止されたり、長時間の拷問が制限されたが、それもすぐに有名無実化した。好んでおこなわれる拷問の種類は、地域ごとに別であった。

裁判官は、被告の苦痛にまったく無頓着《むとんちゃく》であった。たとえば、ドイツのデューレンの裁判官は、隣家の庭に雹を降らせたかどで告発された女を拷問にかけ、足吊りにした。なかなか自白しないので、彼女にかまわず途中で冷たいものを飲みに外にでかけた。帰ってみると、女は死んでいたという。その他にも、司法官らが拷問の途中で飽きて、気晴らしをかねてたらふく飲み食いをしにいったことが、多数、記録されている。

シナリオ通りの運命

拷問は、悪魔学者によっても推奨された。真実は、魂からくることもあるが、魂を苦しめている情念からも得られることがある。つまり、苦痛、怒り、恐怖からも由来する。それゆえ肉体に刻印された真実を叩きださなくてはならないと考えたからである。そこでしぼり出された自供はどれも、当然のことながら、シナリオ通りの個性のないものだった。しかし、この反復性こそ、永遠の猿まねの世界=魔界の真実だとみなされたのである。

悪魔学者や裁判官は拷問の効力を信じていたであろうが、裁判にかかわったものが皆そうだったわけではない。

たとえば、十七世紀のこと、バイエルンでリーダーマイジッヒ市長が拷問にかけられても、いっこうに自白するけはいがなかった。そこで刑吏はいった。「なんでもいいから吐

ストラッパードの拷問にかけられる魔男

いておしまい。潔白であろうとなかろうと、あんたの破滅はもう決まっているんだから。われわれの仕事が早くかたづくように、なにか犯罪をでっちあげてくれ」と。

このような拷問に屈して――屈しない者はまれであったが――彼女らが「自白」したとき、その運命は決せられる。はじめから書かれていたシナリオどおりの運命が。すなわち、彼女らはただちに晒《さらし》ものにされ、そのあと火刑台にのぼる。そのときも彼女らは裸体にされ、その上に硫黄をぬって下着姿で火に焼かれる。魔女の衣服は重責を果たした刑吏がもらう。

遺骸は完全に燃やして灰にして、風に飛ばしてその記憶も消し去ってしまうようにする。反対に、生焼きにして焼け残った遺骸を晒して、彼女の忌まわしい記憶を人びとの脳裏にとどめておくようにすることもあった。

前者は、穢《けが》れを浄化し悪の力をまったく消滅させる意図からであり、後者は、いつも人びとをつけねらっている悪の力の恐ろしさに注意を喚起させる意図からだったろう。

4　悪魔学の深層

魔女をつくった悪魔学

魔女をつくったのはだれか。裁判所での審理のあと、有罪の判決がくだってはじめて魔女とされるわけであるが、魔女とみなす「基準」をさだめたのは、十五世紀末から十七世紀後半にかけて輩出したいわゆる悪魔学者たちであった。

アンリ・ボゲ、インスティトリスとシュプレンガー、ピエール・ド・ランクルなどがその代表である。フランスの歴史家ロベール・マンドルーは、じつに三四〇もの悪魔学関係の作品を調べあげているが、そのリストも完全ではないだろうから、より多くの悪魔学の作品があったことであろう。

初期のもっとも代表的な悪魔学の作品で、悪魔学全体のなかでも随一なのは、ヤコブ・シュプレンガーとハインリヒ・インスティトリスによる『魔女の槌《つち》』(一四八六年)である。この二人のライン地方のドミニコ会士の著作は、魔女にたいする質問、魔女の見分けかたなどについて、たえず裁判官の参照する基本文献となり、一六六九年までに三一の版を数えた。

かれらは異端の起源にまで魔女の系譜をたどり、彼女たちの蔓延《まんえん》を、世の中の終わりが速度をまして進んでくる標だとした。かれらがたしかに世界の終末を身近に感じながら、その書物を書いていることは、神経症的な反復・くり返しに明瞭である。

目新しいことは、そこにはなにも書かれていない。それを、古代からの「権威」をあたうかぎり援用して、ナイーヴなトマス主義に拠って綿密に論述しただけである。

ヨーロッパには悪魔的疫病が蔓延している。世界が瓦解しようとしている。それをさらなる災厄がねらっている。世界はもう血の気を失って、瀕死の状態で、無数の魔女の手にさらされている……。

そして、著者は、魔女追及のための法的措置（異端審問での審理）について教皇の認可を得ようとしてそれを要請した。それに対して教皇インノケンティウス八世の一四八四年十二月六日の教書「限りない愛情を込めて」が発せられ、それが異端審問を正当化したのである。これが、局地的なものだった魔女狩りを普遍的にした。だから、『魔女の槌』の冒頭にはこの教書がすえられている。インノケンティウスは教書にいう。

最近、つぎのようなことをよく耳にする。深い苦悩をもたらさずにはすまないことだが、北ドイツの諸地方、マインツ、ケルン、トリエル、ザルツブルク、ブレーメンの、州、都市、農村、管区、司教区のいたるところで、男女を問わず、多くの人びとが、自らの霊の救済を忘れ、カトリックの信仰から逸脱し、男夢魔・女夢魔に身をまかせてしまった。それらの人びとは呪文やまじない、お祓い、その他、迷信的な恥ずべき行為や魔術を乱用して、人間や動物の子供、大地の収穫、ぶどうや果樹の実りを弱らせ、枯らし、絶やしてしまう。

女性は悪魔の手下

『魔女の槌』の著者たちは、魔女が教皇の至上権への脅威であることにおびえている。なぜなら魔女という異端は、かれら教皇至上主義をとる者たちにとっては、教会の霊的統一、信徒たちの共同体の市民的・政治的統一に、ヒビ割れを起こすものであったから。

さらに、『魔女の槌』には、プロローグで見たように、とりわけ女性への強迫的な恐怖がある。メランコリックな者や狂人は悪魔の格好の手下になりやすいとされるが、『魔女の槌』の作者にとっては、なによりも女性が第一の悪魔の手下となる。女性こそサタンの一大奉仕者であり、そこから男たちと世界全体をおびやかす悪事がわきでてくるのである。女性は、本性上男性より劣り、その肉体はつねに、針でチクチク刺すような抑制されない欲望でかきたてられている。女性はたえざる脅威である。秩序形成作用を破壊する女性の極がある。女性は男性と対極的で、その本質はなんら組織のないカオスであり、否定的で不法の存在である。

この「女性蔑視」の言説の連続から、この著者は、姦通《かんつう》と堕胎など性的「犯罪」に、魔女はいつも絡んでいるとする。本書は、性についての書物といえるほどである。じつに微にいり細をうがった性行為の様態や、誘惑のテクニックや、性的喜びのさまざまな特性の描写がある。

それに加えて、性的犯罪を告白させる綿密なテクニックや拷問やスパイ行為などについても論じられている。ここには女性の性や内密な秘密についてすべて知りたいという、当時の男性のもつ秘められた願望の、公に裁可された姿が見られる。

女性は秩序を乱す

『魔女の槌』の影響下に、続々と世に送りだされた悪魔学の著作のうち、主要なものをながめてみよう。

まず、法学者、経済学者、人文主義者として有名なジャン・ボダンは、『魔術師の悪魔憑き妄想』(一五八〇年)という、悪魔学の名著を残している。かれは、シュプレンガーやインスティトリスと異なって俗人であった。かれの書物もベストセラーになり、出版後二〇年で四カ国語で二〇の版が出た。

本書は、政治的人文主義とコスモスの秩序の理論および、自然と悪魔が競合してつくる秘教世界の考えにもとづいている。かれは妖術の現存を確信し、すべての魔女は焼き殺されるべきことを説き、残忍かつ洗練された効果的拷問を考えだした。

アンリ・ボゲは、裁判官であり、『魔術師の忌まわしき業についての論』(一六〇二年)のなかで詳しく魔女・魔術師の悪辣な業を論じている。これは一六〇二年から一六一〇年までに一〇回編纂《へんさん》された。かれ自身も、フランシュ゠コンテ地方で、おびただしい数の魔女を極刑に処している。

『悪しき天使と悪霊の悪行の一覧』(一六一二年)を書いた、ピエール・ド・ランクルも裁

サバトでの狂宴を準備する魔女、悪魔と奇怪な動物たち

判官であった。かれは思弁的で、あらゆる証言・自供を、キリスト教世界をおびやかす陰謀だと説明した。かれが誰よりもサバトに熱狂したのもそのせいである。

ド・ランクルは、悪魔と誓約を結んだ魔女の一統は、たがいに見分けることができるとした。それは、目のなかにカエルの脚のような形の雲のようなものを見ることができるからだ。ド・ランクル自身、裁判官として悪魔の業の威嚇からまぬがれているのみか、このカエルの脚形を見分ける能力を体得した。

ボゲやド・ランクルら、裁判官でもある悪魔学者にとっては、魔女の働きは、高遠な宇宙秩序というよりも、より直接的に社会秩序を侵害するものだと思われた。つまりボゲは、彼女たちが共同体の価値を転覆させると判断し、またド・ランクルは、彼女たちが国家＝王権の価値を侵害するとかんがえたのである。

絶対主義への貢献

魔女たちの告白には、ヨーロッパ中で驚くべき同一性がある。おなじ質問をうけると、判で押したような答えが返ってくる。犯罪の舞台や狂乱の宴の描写も画一的である。

これは、まさに、裁判における審問が厳密にコントロールされていたことを示している。「魔女」たちは、裁判官の頭のなかにすでに出来あがり、ステレオタイプ化している「告白」を復唱しただけなのである。

そのステレオタイプをつくりあげたのが悪魔学者たちの議論であり、かれらの著作は裁判における手引きとして何度も読まれ引用され、利用されたのである。それらの類似性と累積性は際だっている。あとにつづく悪魔学者は、先行者の言論を再録し、洗練させ、敷《ふ》衍《えん》しているだけである。

この悪魔学の書物の蔓延には、おりからの活版印刷術の誕生がおおきく貢献した。活版印刷がサタンの恐怖を増殖させたのである。しかもこれらのベストセラーが、まさに魔女裁判を増殖させ、農村世界の呪術的思考を「悪魔化」したのである。

さらに悪魔学者たちは、諸権力が絶対主義を確立させるのにも貢献した。なぜなら絶対主義のためには、権力は異端を根絶するとともに、非常にきびしい司法＝刑事機構をつくりあげねばならなかったが、それを悪魔学が助けたからである。

権力の伸長におおきな役目をはたしたこれらの著作は、政治的文脈に位置づけられる。『魔女の槌』は教皇権を支援し、ジャン・ボダン、アンリ・ボゲ、ピエール・ド・ランクルは、絶対王政、公共秩序、辺境（境界）などを擁護した。

悪魔学が生まれた時代は、農村社会が変貌しつつある時代だった。つまり人口が増加し、貨幣経済が進展して経済が変容し、農村の内部が階層分化して農村の共同体が解体し、人びとが危機意識にとらえられた。その危機をのりこえるための犠牲の山羊として農民たちが選んだのが、アウトサイダーの女たちであった。

しかし、それを司法機構や教会が利用することによってはじめて、魔女が生まれたのである。さらに、彼女たちはエリートの強迫観念の犠牲でもあった。

「女性恐怖」の無意識

悪魔学とは、悪魔とその悪辣な業についてのディスクールである。それが大繁殖した時代は、悪魔の力、そしてその人間界への作用について、知りたいという欲求がかつてなく高まった時代である。悪魔学という理性の名において、悪魔学者は自然と超自然の境界を定めようとした。そして見えるものと隠れたもの、あるものとあるように見えるものの境界をも定めようとした。

ボゲからド・ランクルあたりになると、魔女のおこなう超自然的な現象を、医学的に説明しようという傾向が強まった。体液と疾患をもつ肉体こそ、奇妙な現象が、手で触れ、目に見えるかたちでおこなわれる場所だからである。十七世紀にとくに医学的ディスクールの擡頭が著しい。これまで超自然の原因に帰されたものが、魂または身体の混乱に帰される。

しかし、医学的に説明できるのは身体的な現象だけで、あくまでその混乱をもたらす根源は、悪魔であるとされたままだった。

どうしてヨーロッパ最高の知性というべき人びとが、かくも恐ろしく退行的な思想におちいり、不合理の淵にしずんだのか。おそらく、そこに魔女現象を解くひとつの鍵があるであろう。

そのひとつの理由としては、ヨーロッパ思想において、開明的な思潮、合理主義や人文主義には、つねに逆立した無意識が、影が形によりそうようにつきそっているということがある。

この開明的なはずの悪魔学者や裁判官たちがとらわれていた「女性恐怖」こそ、その無意識のあり方を明らかにする鍵であろう。その起源から、それが巨大なうねりとなってかれらを押しつぶし錯乱させるようになるまでの道筋を、本書で明らかにできればと思う。

5　魔女はなぜ生まれたか

転回する教会

魔女狩りがフランスでもドイツでもイングランドでもスペインでも、ヨーロッパ中で熱狂的におこなわれて、数多くの女性が火刑台の露と消えたのは、十六・十七世紀を中心とする時代である。なぜ「ルネサンス」と「宗教改革」そして「科学革命」という、近代の黎明《れいめい》を告げる大事件の起きた、まさにその時代に、信じがたい兇行が大手を振っておこなわれたのか。

教皇や托鉢修道士《たくはつしゅうどうし》そしてプロテスタントの改革者、対抗宗教改革のカトリックの聖者、神学者、法律家、教会人、医師、これら時代を代表するエリートが、よってたかって、魔女を仕立てあげた。いかにしてか。

比較的説得的な説明は、これが社会的不寛容のひとつのあらわれだ、というものである。十六・十七世紀は、巨大な社会変動の時代であるとともに、また深甚な知的変容を閲《けみ》した時代でもあり、いくつものイデオロギーが相争っていたが、その抗争の犠牲となったのが、魔女だというのである。

農村には古来の迷蒙《めいもう》、迷信がずっと残存していた。これはたしかである。農民たちは、呪いをかけ、霊と話し、共感呪術を駆使し、豊作多産をねがい、病気を快癒《かいゆ》させたいと祈り、それを専門にしている老女にたよった。

これらてんでんばらばらに、なんら体系をなさずにあちこちに存在してきた異教的迷信。それは、初期中世以来、教会や国王によって断罪されつづけてきた。カール大帝の勅令や「司教法典」以来、ずっとそうであった。しかし、このような権力側の態度は、魔女をつくりだしはしなかった。むしろ魔女と妖術の現実性を否認するものであった。

しかし教会は、中世末に態度を一八〇度転回させる。つまり、これまでありえないものとして否定してきたその迷信の内実を、真実のものとした。さらに、それは、悪魔の手下である魔女が、人類を破滅させるためにおこなっている禍々《まがまが》しい業だとしたのである。

さらに、すでに前節で見たように、それを悪魔学が「体系化」したことが、大規模な魔女狩りを正当化したのである。

こうして、これまで「田舎の呪術」であったものが、悪魔学の強迫観念の網の目にとりこまれることになった。教会が態度を方向転換したのは、悪の力を自ら生みだし、その存在の保証人兼粛清者となることによって、権力基盤を固めようとしたからである。

変動する社会のスケープゴート

しかし、あのようなおびただしい魔女が生みだされるには、この種の迷信についての当局側の考えの転回にとどまらず、それ相応な社会的理由があったはずである。

この時代は宗教戦争の時代であった。それは、中世的な世界観をおおきく動揺させ、社会不安をかきたてた。上流・中流のエリートたちは、宗教対立によって、中世的な安定した霊的秩序や、神と人間との関係を壊され、不安におちいった。その不安は、悪魔とその王国の力を誇大に妄想させたのである。

また、この時代は人口激増、物価高騰、資本主義の擡頭、家族の変貌、疫病や飢饉など、社会的な大変動の時代でもあった。そしてこのような農村社会の変動と階層分離は、共同体に統合されない社会集団を生みだしていた。

同時に、近代化をすすめる都市と農村の乖離も著しくなった。都市のエリート(司法官）は、農村に徐々に裁判制度・理論をもちこみ、粗野な習俗の洗練と善悪の峻別を強要した。

こうしたなかで、カトリックにせよプロテスタントにせよ、敵対する宗教の地に布教家を送って、自分の版図をひろげたり失地を回復したりするときに、それまで現地を誤謬《ごびゅう》に染めてきたその張本人を、それらのアウトサイダーたちのなかに見出したのである。

魔女迫害をはじめたのはカトリックの教会人だが、それをプロテスタントがうけついで、いっそう増幅させた。ルターさえ魔女とその妖術を確信して、魔女は火で焼かれるべしとした。カルヴァンも同断であった。

中世のドミニコ会士同様、プロテスタントの福音家も各地に体系的な異端審問の神話学をもちこんだ。そして、農村に巣くっていたてんでんばらばらな迷信を、悪の原理の統括する体系的なものに見せたのである。

農村は農村で、人口増加、経済変容、内部の階層分化によって共同体が解体し、人びとは鋭い危機意識にとらえられていた。中世の農村にあったような助けあいの精神は過去のものとなり、貧者は富者を憎み、富者は貧者を呪った。それゆえ、何らかの災厄が発生した場合、その危機の責任を負わせるスケープゴートを見つけだすことが急務になっていたのである。

このようにして魔女のレッテルを貼られたのは、かつて共同体意識が健全にひろまっていたときに人びとの慈善の対象ともなっていた、貧しい女性たちであった。彼女らがだれよりも古来の迷信をあたためていたことは、司法官と布教家が農民に植えつけた罪責感の、格好の転嫁対象となった。

都市のエリートのもたらした強迫的な魔女の表象は、かれら農民にいっそうの不安と苦悩をもたらしたが、それは同時にかれらを襲う社会的な危機の、宗教的な説明とその解決法をもあたえたのである。

つまり社会的な危機をもたらしたのは、神のつくったこの世の秩序をくつがえそうと狙っている悪魔の仕業であり、その悪魔の手下がひそかに農村にはいりこんで、災厄をまきつづけているとされたのである。危機解決は、呪術やリンチ・私闘にかわって、裁判があたえてくれよう。

十六・十七世紀に新たなタイプの農村エリートが生まれたことも重要である。かれらは富裕で読み書きができ、キリスト教についてのある程度の知識をもっていて、文盲の貧しい農民を軽蔑し、農村共同体の指導的立場にいた。かれらは、狂信的な説教師がやってきて魔女とその妖術の恐ろしさについて説くと、だれよりも敏感に反応するのであった。

この説明は、まちがってはいないであろう。しかし、なぜとりわけ女性が、迫害の対象となったのかについては、十分理解させてくれない。

たしかに共同体に統合されない老婆や寡婦や病気癒しの女が多数いたではあろう。しかしなぜ、ほかならぬ女性なのか、差別されたアウトサイダーは、ユダヤ人、病人、刑吏などことかかないのに。

つまり、魔女がまさしく女性であったことの深い理由をさぐらないでは、ほんとうは、魔女迫害の理由も説き明かせないと思うのである。そのことを本書ではさらにまったく正反対の女性像、聖女の姿をもつきあわせることによって、さぐっていきたいと思う。

第2章　聖女

聖母子をかこむ聖女たち

1　閉ざされし聖女の園

清貧、貞潔、服従

中世・近世世界には、魔女のように呪われた女たちだけが際だった存在であったのではない。まったく反対に、いとも聖なる、そしてまわりの皆から女神のように崇《あが》められた女性たちもいた。それが本章の主題、「聖女」である。

世俗を離れ、神に一生をささげる聖女たち。奇蹟《きせき》を起こし、まわりの者たちを救う聖女たち。彼女らは、後期中世、すなわち十四・十五世紀には、個人主義的になり、おのおのめざましい活躍をするが、十世紀以前の初期中世にはまだ比較的おとなしく、修道院のなかで規則にのっとった共同生活を送っていた。

聖女とは、生前の美徳あふれる行動や死後の奇蹟によって、教会に多大の貢献をした女性である。もともとは、地方ごとの民衆の間での崇拝の高まりを、司教が認可するものだった。

ところが、十世紀から十三世紀ごろにかけて、その選出の権限は、もっぱらローマ教皇の手に集中するようになった。ローマ教皇の依頼をうけて検査官が聖性の証拠・証言を集め、委員会で慎重に審査した後に列聖されるのである。

時代によってそのタイプはおおきく異なる。初期キリスト教時代には、殉教してキリスト教を守り、その真実と優越性を明かした殉教者が主に聖女となった。初期中世には、富裕な貴族出身の女子修道院長が、その行動力と権力で修道院と教会の発展につくし、また禁欲のはげしさと慈善のおおきさによって聖女と崇められることが多かった。

十一・十二世紀には聖女の数は急落するが、十三世紀から十五世紀にかけてふたたびふえ、神秘主義的傾向の聖女が、かならずしも修道院と関係なく活躍するようになる。

まず最初に、初期中世の聖女と、その予備軍ともいうべき修道女の生活をながめてみよう。聖女とされるにせよ、されずに終わるにせよ、女性たちが聖性をもとめて門をたたいたのは、まずどこよりも修道院であったからである。

修道女は、清貧・貞潔《ていけつ》・服従を誓い、それを守った。自発的清貧により、彼女らは衣類もベッドも腕輪も食物も、何も自分の物は所有しなかった。また、貞潔とは、キリストに身をささげたことから、処女を守りとおすことをいう。服従は、絶対権力をもつ修道院長への服従である。

彼女たちはきびしい禁欲をし、肉食をたち、さらに四旬節などには、より苛酷な断食をした。しかし断食の掟は、十二世紀には守られなくなったところも多い。また、典礼生活では、時間ごとの聖務日課で祈りを唱えた。その毎日の祈りと聖歌の朗誦《ろうしょう》によって、人間の感情の全体を表現し、また徹夜の祈りによって静かに神の声を聞いた。それらのくり返して魂を完徳にみちびいたのである。

彼女らは、祈りと学習のほか、別棟の病室で手当てを受けている者を見舞ったり、集会室でたがいに犯した罪を告白しあったりもした。共同の食事や昼寝も日課であった。

修道女は修道士以上に、「閉じこめ」られるべき存在であった。壁に囲まれた修道院を一歩も外に出ず、そのなかでのみ生活する。外は危険と誘惑がみちている世界だからである。彼女らは、「閉じこめ」られることによって救いを求めた。

家族の修道院

初期中世にさかんに設立された女子修道院の数は、男子の修道院よりは少なかったが、そのいくつかは驚嘆すべき影響力をもっていた。そしてその多くは、フランク族、ブルグンド族などの王妃が創設したものであった。

女子修道院長は、たいていは王妃に援助された傑出した貴族女性たちであった。彼女らは、教育者としてすぐれ、文芸を保護し、また、自ら文学を創造し、しばしば、その功績ゆえに聖女の列に加えられたのである。

フランスにおける最初期の修道院はトゥールの聖マルタンの影響下に発達し、ポワチエちかくのリギュジェ修道院(三六三年)、ロワール河畔のマルムーチエ修道院(三七二年)などがその中心であった。それらと直接関連した女子の修道院があったかどうかは確定できないが、少数の女子修道院が、これらの男子の運動に関係してつくられたであろう。

フランスとベルギーの統計によると、六世紀から十一世紀まで新たに建てられた修道院は計二八二二あり、うち二二三が女子修道院である。これは一〇パーセント足らずであるが、六世紀後半から八世紀末にはかなり多く、とくに七世紀は、その前半が二四・五パーセント、後半三二・七パーセントで突出している。七世紀は女子修道院の黄金時代であった。

九―十一世紀には、フランスにかわってドイツ、とくにザクセン地方が女子修道院の中心地となる。

食堂につどう修道女たち

布教家たちは、貴族の女性がキリスト教に非常に熱心であることを認め、さらに女性が家庭の布教家としてもおおきな役割をはたすことをさとった。そこで教会人らは熱心に、その財産・権力とともに、女性を修道院にとりこもうとしたのである。
かれらは貴族の妻や娘たちをはげまして、彼女らの土地財産を用いて教会を建て、修道院に寄付するようにさせた。

これらの女性による女子修道院創設の意義は、各地においてキリスト教の組織化、社会活動の拠点となったことである。これらの修道院は、修道院付属教会を建てることによって教会の布教と教育活動をまっとうしたし、また、あらゆる地域で小教区教会の役割をはたした。

これらの修道院はいわば「家族の修道院」であり、貴族の家族の所領に建てられ、寄進されたものであった。結婚しない貴族の娘にとっては、そこは親類縁者の集った安全な避難場所であり、またその貴族一族にとっても新たに獲得した土地への「投資」であった。つまりこれらは、貴族たちの自己防衛の手段としての修道院だといえる。貴族はどんどん土地を寄進し、そこに一族の娘のための女子修道院を建てさせるだけではない。かれらは、自分たちの死後の運命を確保しようともして、その修道院のなかに家族の霊廟を建てて、修道女がかれらの魂のために不断の祈りをささげることができるようにしたのである。

祝別処女

このように、そもそもの女子修道院の目的は、辺境の地での布教とか、貴族の家や家族の利益増進のためであった。しかし、修道女となった女性たちの意識にそくしてみれば、それは、魂の救済と、男性からの自由を求めてのことであったといってよい。一般の女性がいまだつよい家父長権下に抑圧されていた当時、そこは珍しく男の手から逃れた場所であったのだから。

修道院にはいる女たちは、「祝別処女」とよばれた。自発的に神に身をささげ、キリスト教的な「処女」を守ることを誓う。たしかに彼女たちは、子供のときに両親により「献身者」として修道院に預けられたものが多かった。が、それでも一二歳にいたって、自分で、このまま神に身をささげて修道生活をおくるかどうかを決めることになっていた。

そのとき祝別式という、一種の典礼の儀式をおこなった。それは、結婚式を模した儀式であり、とりわけ十世紀以降は、豪華絢爛《けんらん》なドラマチックな儀式になった。彼女たちは、キリストの妻として一生処女を守ることを誓い、もし誓いを破ったら（つまり世俗の男と性関係をもったり結婚することがあれば）、それは、重婚または姦通とみなされて罰せられた。

こうした女子修道院を霊性の苗床《なえどこ》として、七世紀後半から八世紀前半に、多くの聖女が生みだされたのである。ただし、十一世紀までは、聖女の栄誉は、貴族出身の修道女（とくに女子修道院長）に独占されていた。

2　男装する聖女

すぐれた性をまねる

修道女は、霊のレベルにおいては男と平等であると教えられ、性を抑圧し、きびしい禁欲に身をさいなんで、神につかえようとした。肉体的にも男と対等になることが、救いへの道であったからである。

初期中世の聖女は、そのようにして、女性であることを無化しようとした。そして、奇妙な言い伝えでは、古代末期から初期中世にかけて、多くの聖女が男装したといわれるのである。

今日、トランスヴェスティズム（異性装）は、ふつう男性が女性のなりをする欲望と解される。これは去勢はしないが、衣装・化粧・物腰・言葉づかいによって、できるかぎり女性に変身しようとする。極度のナルシシズムがこうさせるのだという。

しかし、中世においてとりわけ問題となるのは、この男性の女装ではなく、女性の男装、トランスヴェスティズムなのである。中世においては、男が女装するのは、男の高いステータスをうしなうからと非難された。

さらに、悪魔がしばしば美しい女性に化けて男をかどわかすことも、男性の女装への猜疑を増幅させずにはいなかった。男が女に変わるのは堕落であり、恥辱であった。では、女性が男装したがるのはなぜか。宗教的には、通常男にのみ許されているより高いレベルの霊性を手にいれるため、男と同様な外観をつくろって男と同様な生活をするためである。また社会的には、結婚から逃れるため、あるいは過去の姦通を悔いて男の服装をまとうのであった。

プロトタイプともいうべき人物は、アンチオキアに生まれたペラギアである。豪華なガウンを着て、真珠を身につけた美しい踊り子にして娼婦であった彼女は、司教ノヌスによって改宗、男装して故郷を逃れた。聖地にいたって禁欲と完徳で讃仰《さんぎょう》される聖者となった。彼女が女性であることが判明したのは、その死後であったという。

さらに、五世紀から七世紀のエジプトには、婚約や結婚を逃れて髪を切り、男装して修道院にはいった少なからぬ男装聖女がいたと伝えられる。

そして、十二世紀のヒルデグンドについても、人生における危機的転機に男装して、聖なる生活にはいった伝説が伝わっている。

十三世紀に、イタリアのドミニコ会士ヤコポ・デ・ヴォラギネが著し、ひろく普及した聖者伝集成である『黄金伝説』には、古代末・初期中世の多くの男装聖女の事蹟《じせき》が描かれている。

女であることを隠す

もっとも著名な男装聖女は、伝説的な女教皇ジャンヌであろう。彼女は十三世紀の幾人かの年代記作者が詳しく記述し、中世後期にはその実在がひろく信じられていた。その存在が疑問視されて伝説の人物とされるようになったのは、ようやく十六世紀になってからであった。

彼女はイングランドで生まれ、教養ある父親につれられてドイツのマインツにいたり、初等教育をうけた。そこでフルダ修道院のある修道士と恋におち、男装してその修道院にはいった。二人はその後、巡礼として諸国をさまよい、学問をおさめ、ともに学者としての名声をえた。

恋人の死後、傷心のジャンヌはマインツにもどろうとして途中ローマによったが、そこで先走りした赫々《かっかく》たる名声にむかえられ、当地にいた以前の弟子たちに乞われて講義をはじめた。名声のひろがりとともに教会のヒエラルキーをものぼりつめ、八五〇年、教皇レオの後を襲って、ヨハネス八世を名乗った。

不幸にも女性のさがはたちがたく、かつての恋人の面影をとどめていたスペインからきたベネディクト会士と恋におち、身籠《みご》もった。教皇行列のさなかに産気づき出産して、驚倒すべき事態はようやく白日のもとにあばかれ、まもなく彼女は死んだという。

これらの、多かれ少なかれパターン化した男装聖女は、その多くが架空の存在で、実在

女教皇ジャンヌ

の人物の事蹟を筆に移したものではない。が、そのことは、男装する女性がいなかったことを意味しまい。ジャンヌ・ダルクが実際に男装したことは、有名である。

女性に救いはない

実際に女性が男装することが、どれだけあったかは不明である。だが女性、とりわけ聖女の男装とそのイメージがひろまり、おおきな意味をもったのは、初期中世であったであろう。というのは、初期中世の修道女が理想としたものが、男性の美徳をもった「無性の聖女」だったからである。

男装する女性、とくに聖女たちは、聖書に保証された「すぐれた性」である男性に、外面だけでもちかづくことによって救われようとする。ここには、女性の性を無化し抹殺したいという欲求があるわけである。つまり、これを別の面からいえば、女性は女性であるかぎり、まったく救いがなかったのだといってもよいのかもしれない。

救いとは、もちろんキリスト教的な救いのことである。初期中世までの女たちは、キリスト教を信奉すればするほど、そこに根強くはりついていた女性蔑視の価値観をもうけいれねばならなかった。魂の救いは、酷薄な世に生きてキリスト教を信じる彼女らにとって、死活の問題であった。

しかし、後期中世になると、女性の性を否認しないで、それを積極的に活用することによって魂の救いにいたろうという、聖女たちがつぎからつぎへとあらわれてくる。それはどんな考え方なのであろうか、また、なにがその考え方をもたらしたのであろうか。それを次節以降で見ていこう。

3　拒食する聖女

新しい聖女の登場

これまで、初期中世の聖女を中心に、その霊性や生活の模様を見てきた。聖女は、十一・十二世紀に、いったん数も割合も落ちこんだあと、十三世紀以降、ふたたびその割合が聖者全体のなかでおおきくなる。十一世紀にはそれは一〇パーセントであったのが、十五世紀には二八パーセントに上昇したのである。

さらに、初期中世の聖女が、もっぱら富裕な貴族出身であったのにたいし、後期中世と近世には、聖女の出身母胎は一気に拡張する。都市の上層市民・中流市民の家庭のほか、婢《はしため》や貧しい農婦などの下層の者も崇敬を集めるようになった。

また、初期には聖性と処女性は不可分であったが、のちの時代には、結婚している(したことのある)女性も聖女となることがあった。なおまた、この時代になると聖女は修道院に閉じこめられることはなく、修道院となんらかのつながりを保持しつつもその外で神につかえたり、終生俗人にとどまる者さえいたのである。

そして、これら十三世紀以降に輩出した新種の聖女たちの霊性や、それにうらづけられた信心業は、それまでの聖女とはきわめて異なっていた。彼女たちは、神秘主義的であり、幻視をしばしば見、はげしい断食に身を投じ、聖体拝領を頻繁《ひんぱん》にうけることを望んだのである。

拒食症が、現代文明を象徴する病としてクローズアップされて久しい。拒食症とは、簡単にいえば、女性が太っていることは、社会のとくに男性の価値観において劣悪な状態であると思いこんで、痩《や》せたいと念じ、それが病的になってなにも食べられなくなり、ひどい場合は死にいたる精神の病である。

中世から近世にかけて、この現代の拒食症ときわめて類似した症状が、聖女たちのあいだにひろく見られた。これを「聖なる拒食症」と呼んでいる。しかし目標はまったく異なる。聖女たちは、痩せることをよしとしたのではまったくなく、魂の救済・完徳を目標としたのである。では、なぜ聖女たちは魂の救済のために拒食したのか。

死にいたる拒食

誤解のないようにいっておくが、この聖女らの拒食症は、キリスト教徒、とりわけ修道士らの日常的な修行としての、あるいは償《つぐな》いの業としての「断食」とはおおいに異なる。

普通の断食は、規則的・意志的に肉食をたったり、パンと水だけで我慢したりするが、さほどきびしいものはまれである。また断食が意味をもつのは、肉やおいしいものを食べたいという欲望があるからこそ、また、普通に十分食事をとるときと交替でおこなうからこそである。

しかし聖女らの拒食は、比較を絶して苛酷であった。壮絶であるといってもよい。そして彼女たちは、断食と普通の食事を交替で意図的・規則的におこなうのではなく、断食を恒常的におこなった。そして、もうふつうのおいしい食事を食べたい、という気さえなくなるのである。

彼女らの拒食の目的は、禁欲行のひとつということに加えて、父親の結婚強要など、世俗での家族の拘束力からのがれるためでもあった。

拒食する聖女がふえはじめたのは十三世紀からであり、とりわけ北イタリアの諸地方に輩出した。十三世紀イタリアの聖女は、四二人知られているが、そのうち一七人に、ひどい拒食衝動がたしかに見られる。九人はさほどでもなく、残りの一六人については、その点についてはっきりした記録が残っていないから、その一六人のうちにも、拒食聖女は幾人かいたであろう。

代表的な例を見ていこう。イタリアの国民的聖人である聖フランチェスコの同伴者、十三世紀前半の聖クララが初期の例としてあげられる。彼女はアッシジの貴族出身で、父親や親戚の結婚のすすめをことわり、フランチェスコの教えの感化をうけて、清貧と祈りの生活に身をささげるようになった。

彼女は、週のうち月水金はなにも食べず、さらに、その他の日も、ほんのわずかしか食べなかったという。このような異常な断食をつづけて、とうとう彼女は病気になった。そこでフランチェスコとアッシジ司教が、毎日一・五オンスはパンを食べるよう命じ、その食餌《しょくじ》療法によって、病気から回復したという。

クララがすぐに拒食から回復したように、フランシスコ会関係の聖女らは、きびしい断食をしたとしても極度ではなく、さらに集団として指導者に服従して、その指導にしたがった。

ドミニコ会の禁欲

それにたいし、ドミニコ会に所属する聖女は、より個人主義的で、拒食も極端であった。おなじ托鉢《たくはつ》修道会でも、清貧に徹し、自然を賛美し、美しい感性を磨いたフランシスコ会にくらべ、真理の宣布を目標とするドミニコ会のほうはより瞑想的・禁欲的であった。

ドミニコ会の聖女は、十四世紀と十六世紀初頭に輩出した。彼女たちは、しばしば幼児期に父または母を失ったり、結婚を強いる両親と宗教の道にすすみたい自身の希望とのあいだの葛藤《かっとう》にくるしんだ前歴があり、それが、深いところで拒食の原因となっているよう

聖性を獲得したクララが両手をさし出し、仲間を救う

である。そして、彼女たちドミニコ会の聖女らは、他のどの修道会とつながりのある聖女たちよりもしばしば拒食症にかかって死亡した。

初期の例では、ベンヴェナ・ボジャニがいる。彼女は、一二五五年に北イタリアのチヴィダーレ・デル・フリウリに生まれた。幼い頃より禁欲的であったが、ドミニコ会の第三会（修道士の指導下に聖務日課をおこない、完徳にはげむ俗人グループ）にはいって非常に断食をつよめた。

一年のうち何度かの四〇日の断食期間を自ら設定し、そのあいだパンと水だけしか口にしない日と一品だけ食べる日を交互にくり返し、その断食期間以外にも、しばしば週三日はパンと水のみであった。

一二七五年ころ、彼女はひどい病にかかり、翌年、はげしい体の震えや喘息《ぜんそく》症状におちいった。横になって寝ると窒息する恐れがあったので、椅子に座って寝ざるをえなかった。さらに、地上の食べ物のすべてに吐き気をもよおすようになり、水以外のあらゆるものを一時間以内にもどしてしまった。天使が正午にやってきて、手ずから食べさせてくれる天の食事のみで満足した。この状態が五年つづいたが、幸いその後回復したという。

一三〇六年に四二歳で死んだ女性オルヴィエートのジョアンナも、ドミニコ会所属の女性であった。彼女は入会以来、胃の具合がずっとわるく、なにも食べられず嘔吐をくり返したが、ただ、聖体《せいたい》パンのみは喜んで口にいれたという。彼女は貧しい出身の女性で、幼児期に両親を失って、つらい幼年時代をすごしたことがわかっている。

滋養は聖体のみ

拒食聖女の代表というべきは、シエナの聖女カテリーナ（一三八〇年没）である。彼女もドミニコ会の第三会に入会して、貧者・病人への慈善活動や都市内外の平和工作につとめ、また教皇グレゴリウス一一世にローマ帰還をすすめたりと、その活動および思想によって非常な名声を得た。

若い頃より彼女はきびしい断食をした。一六歳にもなっていないと思われるのに、彼女は食事をパンと生の野菜と水に制限した。五年ほどたって父が亡くなりキリストの幻視を見ると、彼女はまったく食欲をなくしてパンも食べられなくなった。二五歳までに、彼女はほとんどなにも食べなくなった。

食べることはおおいなる苦痛を彼女にもたらした。だれかが無理して食べさせると消化できず吐き出した。彼女の聴罪司祭は、日に一度は食べるよう命じ、カテリーナは渋々したがったが、なにも食べないほうがからだの調子がよかった。食べることはからだにひどい痛みをもたらし、またからだがむくんでふくらんだ。そして食べれば食べるほど病がひどくなって死の寸前にいたった。

結局、彼女はわずかの水と苦い草をかじるだけですませることになった。彼女の唯一の滋養《じよう》は聖体パンであった。しかし、彼女は疲れを知らぬ活動をした。たえず神に祈り、慈善と平和につくすため各地を渡り歩き、無数の手紙を書いた。

彼女を非難するものは、この拒食はまやかしであり、彼女が自分の名声をおおきくしたいためのいかさまだと指弾した。

地上の物をなにも食べず、天使のもたらす天の食事（マナ）のみで生きるとは、すでに天使的生活であり、それは、選ばれた標である。それゆえ拒食聖女の代表者カテリーナは崇敬の対象になりえた。しかし、他の者は、彼女は悪魔にとりつかれた魔女であり、悪魔から栄養をもらっているのだと疑った。聖女と魔女は、ほんとうに紙一重であったのである。

一三八〇年、彼女は、三三歳で亡くなった。

男の手を経ずに……

後期中世の聖女たちは、なんのために拒食をしたのか。それは、そのことによって賛美されるためではない。拒食をする聖女たちは、まずなによりも受け身だけの宗教的生活にもう耐えられなくなったのである。もっと積極的に救いを求めたい、自分の力で神に認められ、神にちかづきたい。そうした強い願望が共通して見られる。

当時、女性が世俗社会で、夫や父親に抵抗することはまだあまりできなかった。しかし、世俗を捨てた宗教世界ではそれが可能ではないかと、彼女たちは、意識的にせよ無意識的にせよ感じとったのである。

彼女たちの登場以前には、司祭、すなわちつねに男が、教会の儀式（ミサ、聖体拝領）において、イエスのからだをあらわすパンとその血をあらわすブドウ酒を聖別し、信徒はそれをうけとることによってキリスト受難による人類救済の恩恵にあずかることができた。つまり、司祭＝男を仲介としてしかキリストの恩寵《おんちょう》を得られなかった。

ところが彼女たちは、むしろイエスと直接交渉したかったのである。それはつぎの節でいう「聖体をいつくしむ」ことへとつながるのであるが、彼女らは、イエスのからだにほかならない聖体パンという「天上の食べ物」を愛するあまり、「地上の食べ物」を受けつけなくなったのである。

彼女らは、教会当局者から、もっと食べるよう注意される。しかしできない。男のからだは汚れても簡単に浄化できるのに、女のからだは決して浄化できない。しかし、からだを浄化しないでは救いは手にはいらない。このように信じて、それを破壊する衝動に身をまかせたのである。したがって男の節度を得た断食と異なって、限度のない断食がおこなわれ、その多くは死に直結していたのである。

女性は、男性の仲介によらぬ魂の救いをもとめて拒食した。だが残念なことに、彼女たちが依拠した価値観は、あいかわらず男性のものであった。男性に従属する女性、芯から汚れた女性のからだ、こういった価値観にとらわれていたからこそ、拒食症にかかったのである。

しかし、自分で自分のからだをあやつって救いにいたるという考え方は新しかった。また次章で見るように、男性の価値観とは異なる女性のからだについての考えが、同時に彼女たちのあいだで生まれたことも忘れてはならない。

聖女らの拒食症には、今日の娘たちの拒食症とおなじく、社会・文化的な背景があるといわれている。現代の拒食症が母子関係のゆがみや「太った女は醜い」という男性の考え(と女性によって信じこまれている)に対応しているとすれば、かつての拒食症は、家父長制的な男性中心社会による女性の抑圧が背景にあるというのである。それを裏づけるかのような事情を、聖女らの経歴の数々は物語っている。

4　聖体をいつくしむ聖女

神との合体

聖女たちは、魂の救いを求めて、現世の条件からできるだけ離れようとし、それが拒食につながった。物質的な食べ物をうけつけなくなった彼女たちには、しかし天の食べ物があった。それさえあれば、彼女たちは大満足であった。それだけ食べて、彼女たちは生きながらえようとした。この天の食べ物こそ聖体パンである。

　この聖体パンは、もちろんふつうのパンではない。パンが神になるのである。それはミサの儀式においてまずなによりもそうであった。が、彼女たちにとっては、ミサというコンテクストを離れても、聖体パンは神なのである。

　食べ物になった神と、聖女たちは融合しひとつになる。これは、エクスタティックな合体であった。彼女たちは、幻視で血を流す肉としての聖体を見、また、愛すべきイエスの（人間としての）からだと、エロティックに合体する。

　このような、聖体、とくに食べ物＝神としての聖体をなによりもいつくしむ聖女たちは、十三世紀から十六世紀にかけて輩出した。

　まずその傾向は、ネーデルラントの聖女たちに際だっている。十二世紀末から十三世紀のネーデルラントの聖女たちは、その大半が富裕な都市市民の家族出身であり、両親が無理矢理結婚させようとするのに反発する。反発のあげく修道女となる場合もあれば、俗人のままで浮き世ばなれした禁欲・瞑想生活をおくることもあった。

　とにかく彼女たちはなにも食べない。が、彼女たちはエクスタシーのうちに聖体をうけとり、そこにミルクや蜂蜜の味と香りを享受する。このようにして、彼女たちは神をかみくだき、その匂いを嗅ぐのである。このように食べ、嗅ぐことによって、彼女たちは甘美に酔っぱらう。さらに、ひきつけを起こし、トランス状態におちいる。

たとえば、ベギン（半聖半俗で共同の清貧・禁欲生活をおくる女性）になったワニのマリー（一二一三年没）は、聖別されていない聖体パンを吐きだし、狂ったように口をすすいでその嫌な味をとりさろうとしたという。彼女は、聖体パンを食べると、通常の食べ物はなにも食べられなくなるのであった。

ドミニコ会のサークルの周縁にいながら俗人にとどまったイープルのマルグリット（一二三七年没）も、その晩年には、聖体パン以外にはなにも食べられなくなった。

シトー会修道女ルーヴァンのイダ（一三〇〇年頃没）とリエージュ生まれのクリスチーナ・ミラビリス（一二二四年没）――俗人であったがキリストと聖者にしたがった生活を送った――は、あまりに聖体を渇望したため狂人とみなされ、家族によって鎖でつながれてしまった。

食べ物としてのイエス

さらに著名なネーデルラントの聖女は、スヒーダムのリドウィナ（一四三三年没）である。あるとき一人の天使が彼女のところにやってきて、翌日司祭は聖別されていない聖体をもってきて彼女を試すだろう、と告げた。

そして実際司祭からその聖体をうけとった彼女は、それを吐きだし、自分には主のからだと聖別されていないにせものを区別できるといった。司祭は怒って帰ってゆき、リドウイナは長いあいだ聖体拝領をうけられずに苦しみ憔悴《しょうすい》した。

三カ月半がすぎたころ、キリストがはじめ赤子の姿、ついで血を流した若者の姿であらわれた。天使たちもあらわれて、受難の道具をもってきて、キリストの傷ついたからだからの光線が彼女をうって聖痕《せいこん》をあたえた。彼女が、つづいてなにか証《あか》しをくれと頼むと、キリストの頭上に聖体がただよい浮かび、ナプキンが彼女のベッドに降りてきて、そこには血痕のついた奇蹟の聖体がふくまれていたという。

イエスの血を滋養とする聖女

ネーデルラントにすこし遅れて、フランス、ドイツでも、十四・十五世紀には食べ物としてのイエス＝神のメタファーが栄え、聖体への敬心が聖女らのあいだにつよくいだかれることになる。

グルノーブルちかくのオルナシウのベアトリス（一三〇九年没）は聖体奉挙《ほうきょ》のときに、しばしば幻視でキリストの姿を見た。同様にドイツのウンターリンデン、テス、エンゲルタールの修道女たちも類似の幻視を見た。そして彼女らにとっては、聖体こそ他のあらゆる食物にとってかわるものであった。

イエスに手ずから聖体をさずけられる聖女

また、フランシスコ会第三会員マイエのジャンヌ・マリ（一四一四年没）は、断食し肉体を苦しめたが、聖体拝領の後はからだがピンクに染まり、元気はつらつで幸せそうであったという。そして彼女が、聖杯から飲み物を欲しいと祈るやいなや、口に血がはいっていた。同様な体験をした聖女は枚挙にいとまがない。

イタリアの聖女の多くも、強迫的な願望を聖体にむけた。たとえば、フォリニョのアンジェラ（一三〇九年没）は聖体拝領のとき、口のなかで聖体が拡大するのをときどき経験した。それはふつうのパンでも肉でもなく特別な味の肉であり、この世にたとえようのないおおいなる安楽と甘美をもたらしたという。そして、あるときはキリストが体中から血を流して彼女にあらわれ、その傷を彼女に吸わせたともいう。

エロティックな幻視

結局、聖女らにとっては、ミサやその他の機会での現実の聖体パン、あるいは幻の聖体の享受が、キリストと合一し甘美なエクスタシーにひたる機会であった。そしてこの聖女たちの聖体への敬心は、しばしばエロティックな表現をもった。というのも、聖体はすなわちキリストのからだであるからである。たとえば、十三世紀ネーデルラントの聖女ハデウェイヒは、その詩のなかで神との出会いを語っているが、それはわれわれには、この上なくエロティックな光景に見える。

かれは人間の姿形と衣装でやってきた。それはかれが最初にそのからだをあたえた日とおなじように……かれは、自分を聖体(秘蹟)として、その外的なかたちでわたしにあたえた。……そしてそれから、かれは聖杯から飲み物をわたしにあたえた。……その後でかれはわたしのほうにやってきた。そして両腕でわたしの全身をしっかりつかみ、ひしと抱きしめた。そしてわたしの全身がかれの全身を至福のなかに感じとり、それはまさにわたしの心と人間的欲望にかなった至福であった。そこでわたしは外的に満足し十分に陶酔した。それから、わずかのあいだ、わたしにはこれをもちこたえる力が残っていたが、すぐにわたしは目がくらんでかれの人間的姿形の外的美しさを見失ってしまった。わたしは、かれが完全に消えていくのを見た。かれは薄れてついにまったく消滅して、わたしのなかで自分とかれを区別できなくなった。そしてそのときわたしたち二人は、まったく区別のないひとつのからだのように思われた。

イエスの妻、母に……

もう一人、例をあげよう。十五世紀イングランドの聖女マージェリー・ケンペである。

（キリストは彼女にいう）娘よ、あなたはわたしに会いたいと強く望んでいる。あなたはベッドにいるとき、わたしを大胆に、新婚の夫としてまた愛する恋人として、さらに愛しい息子として抱いてもよい。というのはわたしは、息子が母によって愛されるべきように愛されるであろうから。そしてわたしは、娘よ、あなたがわたしを、良き妻がその夫を愛すべきように愛することを望むから。それゆえ、あなたはわたしを、魂の両腕に大胆に抱いて、わたしの口、頭、足に好きなだけ甘美なキスをしてもよい。そしてあなたがわたしのことを思うたびに、またはあなたがわたしになにかよいことをしようと望むたびごとに、あなたはおなじ報いを天でも得るであろう。まるであなたが、天上にあるわたし自身の貴重なからだにそれをするかのように。

後期中世の聖女たちは、聖体にたいし、しばしば官能的に振る舞った。ハデウェイヒやマージェリー・ケンペにとどまらず、クリスチーナ・オヴ・マーキエイトもフォリニョのアンジェラもシエナのカテリーナもアーデルハイト・ランクマンもエロティックな幻視を頻繁に見、聖体の幻視のなかにキリストと結婚した。その印として指輪のかわりに聖体や、極端な例ではキリストの包皮をもらった。

また、彼女たちは、妻としてキリストの肉体と一体化する一方で、また母として嬰児《えいじ》キリストをひしと抱きしめ、かれを湯につけ、また乳をふくませた。嬰児キリストを世話する快楽があまりにおおきかったので、多くの聖女たちはかれをふたたび母マリアに返すことを拒んだほどである。

聖体をいつくしむ聖女たちは、それを救いをもたらす天上の食物としてなにより大切にするとともに、人間としてのキリストとの接触、一体化を希求して、かれの妻また母となったのである。

5　聖女の恍惚

女性だけへの啓示

聖女たちは、よく恍惚境《こうこつきょう》に遊んだ。前節では、聖体をいつくしみながら彼女らがいかに不思議でエロティックな幻想をいだいたかを見たが、それは聖体に対面したときだけではなかった。彼女らは毎日のように、不可思議な力にこころを奪われ、忘我の境にはいった。その状態をラテン語で raptus というが、それは「奪われる」ことである。

中世では、世俗の女性も夢見がちで、彼女らの頭のなかには、怪物や幻想の動植物がいりみだれていた。そして聖女は、もっともそうした資質と経験に恵まれていた。つねに、来世やキリストやマリアについて瞑想し、祈りをささげる彼女たちは、いとも容易に、そして頻繁に、神から秘密の啓示をうけとることができたのである。

それは彼女たち、女だけのものであり、男たちには、世俗の男性はもちろん、修道士や聖職者にも手にいれられない親密な啓示であった。彼女らは、このように神と直接的なコンタクトをとることによって、ある意味で男性中心的な教会組織や社会の原理から逃れようとしたのであろう。

聖女たちのエクスタシーは、いくら敬虔《けいけん》な態度のあらわれだとしても、つねに教会の統制を逃れている。それればかりか、それはしばしば精神錯乱やヒステリーや異端や性的異常と接している。

だから教会当局は、極度のエクスタシーや神秘体験にたいして警戒し、ときには異端のレッテルをはって迫害することも辞さなかった。とりわけ、教会の正統教義と相反する啓示をうけ、それをまわりの仲間に鼓吹《こすい》する女性は、要注意であった。

聖女たちのエクスタシー、それは男性原理からの逃避であると同時に、女性性への沈潜《ちんせん》、その讃仰《さんぎょう》である。女性性への沈潜が、神性への上昇となりうるところに、彼女らの幸福がある。激流のようにすべてを流しこんでしまう女性性が、彼女らの全人格を飲みこむ。そこに、神との合一の体験をかさねあわせ、イメージ化し、あるいは言葉につづって、弟子たちあるいは後世の者たちに伝えたのである。

ところで、中世・近世に数多い聖女のエクスタシー体験は、いくつかの種類に分類することができる。

理知的なエクスタシー

第一のタイプは、十二世紀ドイツの著名な女預言者ヒルデガルト・フォン・ビンゲンやネーデルラントのベギンであった前述の聖女ハデヴェイヒなどの体験である。

彼女らは、なんらかの先行するテクストの影響をうけてエクスタシーを追体験したのではなく、単独で体験している。またそれは、夫としてのイエスやわが子としてのイエスとの接触の体験もない孤独なエクスタシーであった。

しかし、その孤独は、ヒルデガルトの幻視に明瞭なように、宇宙との連帯(マクロコスモス＝ミクロコスモス)という、より壮大な関係にはいることをさまたげるものではなかった。

ヒルデガルトは、もともとさほど学識があったわけではないが、驚くべき想像力にめぐまれていた。その『書簡』や『スキヴィアス』の一部は、エクスタシーのなかで口述筆記してできたものである。しかし、彼女がエクスタシーにおちいるのは、目をあけたままであり、トランス状態で意識を失ってしまうのではない。あくまで理知的なエクスタシーである。

このようにして、彼女はイヴの条件を克服しようとした。女性は理性のない淫欲な動物ではない。悪や罪を超克できないわけはないのである。

彼女はいつも、最後の審判の接近におびえながら幻視を見た。そして光から闇を区別し、光のメッセージを解読するのに余念がなかった。

たとえば彼女の見た幻視は、「わたしは丸く、影をもった巨大な機械を見た。それは卵のようで、頂上はせまく真ん中がひろく、端がしまっていた。この機械全体は、火でおおわれていた。そして、その彼方には、黒い皮のようなものがあった。さて、この火のなかには、輝かしい火の球体があって、それはあまりにおおきいので機械が全面的に包囲されていた。この球体は、その上部に三つの火花をもっていたが、その火花の浮力が球体の落下をふせいでいた。この球体は、しばらく大気中にのぼってゆき、たくさんの火がそれに加わりにやってきた」という壮大な、宇宙的なものであった。

こうした幻視から超自然のメッセージをうけとった彼女は、予言の能力をもそなえていた。彼女は、中世最大の霊能者であった。

甘美な神秘体験

アントワープのハデウェイヒも、しばしばエクスタシーをうけて霊的な詩を書いた。彼

天からのメッセージをうけとる恍惚のヒルデガルト

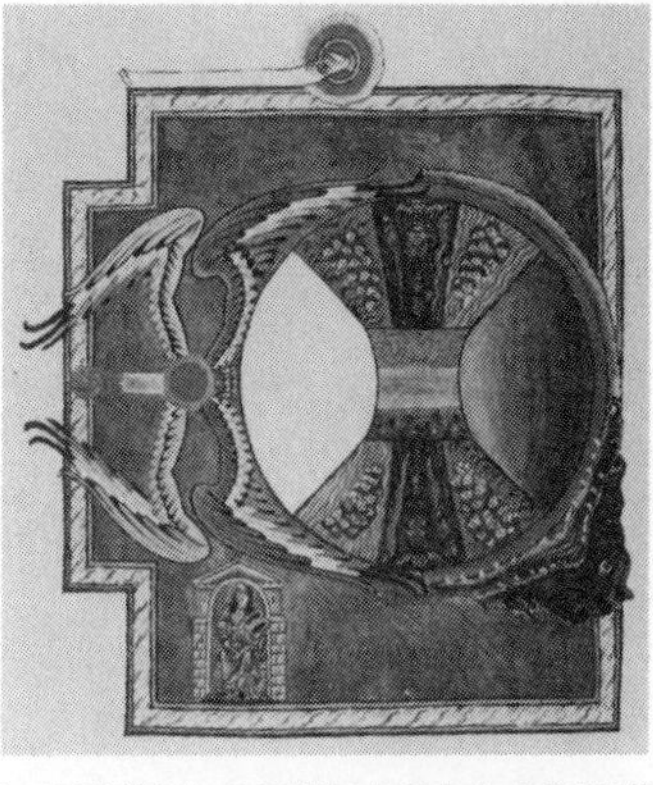

ヒルデガルトの幻視にあらわれた不思議な球体

女は、男性の神秘体験とはまったく異なり、苦悩とむすびついていない非常に柔らかく甘美なエクスタシーを体験した。休息と愛の横溢《おういつ》のなかでの、軽快で幸せな神秘体験。

冬はまだこんなに冷たく
日は短く夜は長いとしても
悲しみからわたしたちを解放してくれる
誇り高き春が大股でやってくる
さあ新しい季節だ
胡桃《くるみ》は花を咲かせ
それ以上に忠実な標はない
（ああ、さよなら、さよなら、千度も）
あなたがた皆、この春に
（わたしは十分に言いあらわせません）
愛を欲する者、幸福を味わいなさい！
（ああ、さよなら、さよなら、千度も）
あなたがたは、新たに知りたいと思っている
（わたしは十分に言いあらわせません）

新たな春に新たな愛を

エクスタシーの疑似恋愛

第二の例は、ロマンチックなエクスタシーともいえるもので、イタリアの聖女、シエナのカテリーナや、やはりイタリアの聖女で、夫の死後貞潔な禁欲生活にはいったフォリニョのアンジェラがその代表である。

これは、前節で見た聖体をエロティックにいつくしむことと関係している。まるで恋愛小説の展開を追っているように、彼女たちは愛の高まりをハラハラと胸ときめかせながら経験している。

すなわち、段階をおって、男性との出会い、生まれる愛、増大する愛、妨害、再会、婚約、結婚とすすむ。この恋愛小説はしばしば対話として進行し、美しい感情の発露が見られる。恋愛の相手は、もちろん若きイエス・キリストである。

シエナのカテリーナは、日常的にエクスタシーを体験したことで有名である。一日に何度も体験することもあった。ある若いドミニコ会士が、カテリーナのエクスタシーは、いかさまだろうと考えて、彼女がエクスタシーにこころを奪われているときに、その足を針でつついた。しかし彼女は、すぐには気づかず、ようやくしばらくして意識をとりもどしてから、傷に苦しみはじめた。

シエナの聖女カテリーナは、イエスと神秘的結婚をする

彼女は聖体拝領をうけるごとに意識をうしなって気絶し、何時間も倒れており、したがって仲間が毎日教会の外に彼女を連れ出さなくてはならなかったという。

カテリーナのもっとも著名なエクスタシー体験を紹介すると、彼女が一三七五年に磔刑《たっけい》像の前で祈っていたときのことである。彼女はキリストの傷口から五筋の血が流れてくるのを見た。それが金の筋に変わって彼女に届こうとした。そして彼女はエクスタシーにおちいり、その後、彼女自身が傷ついたようにからだが弱ったという。

彼女は一三五三年から三三歳でなくなる一三八〇年まで、数限りないエクスタシーを経験したようである。彼女は「拒食症」であって最低限の食事しかとらず、また、一日おきに、睡眠時間を一時間以下におさえていた。したがって彼女は、恒常的に感覚麻痺状態であり、そのことがエクスタシーにおちいりやすい体質をつくっていったのであろうと推測される。

女性性の宣揚

第三のタイプとしては、受苦の、沈黙のエクスタシーがある。沈黙のうちに病に苦しみ、拷問にかけられ聖痕をうけ血を流す、という悲惨な体験のなかでおちいる特異なエクスタシーである。

典型例は、スヒーダムのリドウィナである。彼女は幼い頃から、いくつかの段階でひどい病気に襲われた。彼女はまず、幼少期、恐ろしく痩せこけて遺骸のように醜くなり、ついでスケートをしていて仲間に転ばされてひっくり返り肢体麻痺になり、体中、膿《うみ》と傷におおわれ虫がわく。

その後、麦角性壊疽《ばっかくせいえそ》になって右腕を失うばかりか、化膿《かのう》、血膿、腫瘍《しゅよう》におおわれ、鼻といわず口といわずからだじゅうの穴から血と膿がでる。おそろしい頭痛に、頭と顔がふたつに割れてしまったかのようだ。

彼女はこうしてこの世のあらゆる病の受難者となる。しかしやがて奇蹟が起きる。膿瘍《のうよう》や傷からシナモンのよい香りがした。そして天使やキリストやマリアが、たびたび彼女を

恍惚の聖テレサ像（ベルニーニ作、ローマのマドンナ・デッラ・ヴィットーリア教会）

訪れるようになる。彼女は甘美なエクスタシーのなかで死んだ。

第四のエクスタシーは、より瞑想的であり、同時にバロック時代にふさわしい派手なものである。十六世紀スペインのアビラの聖女テレサのもののように、一望環視のエクスタシーで、周囲の皆に見られ、見せびらかされるものが、このエクスタシーの特徴である。

テレサは霊的上昇に四つの段階を設けている。それは、瞑想、平安の祈り、諸力のまどろみ、忘我である。さらに、『霊魂の城』では、彼女は忘我（エクスタシー）に七つの段階を設けて、神との結合の第七の住まいを最高の段階としている。

聖女たちは、自分の資質や時代の状況にあわせて、これらさまざまな種類のエクスタシーに頻繁におちいりつつ、神の啓示をうけ、それをまわりの者たち、とくに女性たちにつたえ、女性性の高貴さを高らかに宣揚《せんよう》したのである。女性は「悪魔の門」ではなく、すでに天国の前庭、神のかたわらにいるのではないか。そのことを、彼女たちは身をもって伝えたのである。

第3章　魔女と聖女の狭間で

左は悪徳の道、右は美徳の道

1　モデルとしてのイヴとマリア

女性忌避の源は「創世記」

魔女や聖女がきわめて多く世に生みだされたのは、第一・二章で論じたようにヨーロッパ中世の後半以降であるが、その生みだされる素地は、キリスト教の発祥とともに古い。

本章では魔女や聖女を生みだすことになった「女性観」の形成の過程を追ってみよう。そして、その女性観に囲まれながら、魔女でも聖女でもないごくふつうの市井《しせい》の女性が、いかに魂の救いを確保しようとしたかを考えていきたい。

古代末期・初期中世以来、教会は女性を忌避してきた。教会というよりもその代表的な意見を述べる教会人たちが、強迫的ともいえるつよい女性嫌悪をしめしたのである。

女こそ、人類の始祖たるアダムを罪におとしいれ、イエスに洗礼をほどこした洗礼者ヨハネの首をはねさせ（「マルコ伝」「マタイ伝」のヘロデヤの娘）、さらに勇猛果敢なサムソンを死に追いやった（「士師記」のデリラ）のではないか。主イエス・キリストも、もし女性に起因する「原罪」がなければ、死ななくてもすんだのである。

女は、恥じおそれる気持ちも、善への性向も、友愛の心もない。男が女を愛するときは、女を憎むとき以上に恐るべき結果をもたらす。

このような、中世をつうじて流れていた女性忌避や女性恐怖の念は、その源をたどれば聖書、とりわけ「創世記」にまでさかのぼる。すなわち「創世記」によると、女（イヴ）は男（アダム）の脇腹からつくられた。したがって女は男に服従するのが理にかなっている。

イヴは蛇に誘惑され、最初に神の禁止を破って知恵の木の実を食べた。そして、夫アダムにその果実をあたえる。アダムをそそのかして神に反抗させる原因をつくったのは、それゆえイヴなのである。

イヴこそ楽園からの追放にいたらしめた主犯であり、人類全体に苦悩・労苦・死をもたらした張本人である。ヤハウェは、「お前の孕《はら》みの苦しみをおおきなものにする。お前は、苦しんで子を産む。お前は男を求め、かれはお前を支配する」と、そこで述べている。

美容神学の見解

このような「創世記」の記述を典拠として、古代末期のキリスト教の教父たちは、一層はげしい女性蔑視のイデオロギーと言説をねりあげていった。たとえば、四世紀の教父のひとりでミラノ司教のアンブロシウスは、女こそ原罪の原因だと、鋭い舌鋒で呪う。

また同様に二世紀の偉大な教父テルトリアヌスも、蛇を悪魔と同一視してイヴを誘惑者とみなし、そこからの連想で、すべての女を呪っていう。「女、汝は悪魔の門、汝は悪魔

禁断の木の実をアダムにすすめるイヴ。
蛇は女の姿で描かれる

の樹木に同意し、また汝が最初に神の法を捨てさった。汝こそ、悪魔の攻撃にたえるに十分勇敢であったかの男（アダム）を説きふせたのである。汝はいともたやすく神の似姿に創られた男を破滅させたのである。汝の内なる荒野＝死のために神の子さえ死ななくてはならなかったのである」

聖書と照らしあわせながら教父の見解を追っていってわかるのは、中世の女性蔑視の起源は聖書にあり、また聖書の登場人物のなかで、イヴこそ呪われるべき女性のモデルであるということである。

そしてしばしばこのイヴの姿は、ヨハネによる主の受難の記述にあらわれる「門番の女」と二重写しになって、教父らに好んで使われた。イヴがアダムを堕落させたように、女門番は、「あなたも、あの人の弟子の一人ではありませんか」と問いつめ、ペテロを主の否認に追いやったからだというのである。

ところで、これら教父たちはまた共通して、女性の美容や身を装うことをはげしく非難し、それに熱狂して、一種の「美容神学」を展開している。女性の化粧・ヴェール・金銀宝石・ヘアースタイル・髪の色などが槍玉にあがる。

ギリシャ教父の一人、アレクサンドリアのクレメンスは、化粧は神の創造の業を侮辱するものであり、彼女らの化粧はその容姿をより美しくするのではなく、内的な病、淫乱さを外部にしめす記号であるとしている。またテルトリアヌスも、化粧という人工的な「再創造」は、余分なものをつけ加えて肉の欲求に奉仕するだけであり、自然の美をそこなうものであるとした。

教父の「美容神学」によって、女性は、悪魔と結託して人類を罪におとしいれる元凶というだけでなく、なにか「非本質的」なものであることが明確に宣言されたのである。

イヴのうける二重の罪

聖書に起源し、教父らが何重にも輪をかけてひろげて説いた、女性をイヴの裔《すえ》とする女性蔑視の言説は、そのまま初期中世から中世末期までの聖職者や修道士らに伝達受容されていった。

イヴについては、さらに十二世紀の神学者ペトルス・コメストルが、イヴのいっそうおおきな罪と、そのいっそう重い罰を関連づけた。アダムは禁断の果実を食べただけであるが、イヴは高慢と不服従という二重の罪を犯したゆえに、罰も二重にうけるのだとする。

つまり夫の支配に服することと、妊娠の苦痛である。

また十三世紀の神学者トマス・アクィナスは、アダムは蛇を信じずイヴに好意をしめしただけだが、イヴは蛇の言葉を信じ、またアダムに罪を犯させたのだから、イヴの罪のほうが重大である、とした。したがってイヴは夫に性的に、また家庭内で服従すべきであり、出産の苦しみも課されたのだという。

イヴを引きあいに出さなくとも、中世の教会関係の史料には、女性嫌悪の言説がみちみちている。すべてがそうだといってもいいくらいであるが、とくにショッキングなものをいくつかあげてみよう。

五八一年フランスのマコンで開かれた公会議では、深刻な問いが提起された。つまり、「女性は理性的存在として分類されるべきか、それとも獣として分類されるべきか、また彼女は魂をもっているか、そしてほんとうに人類の一部をなすのか」を知ることが懸案とされたのである。

レンヌ司教にしてラテン詩人マルボード（一一二三年没）は、『十巻の書』の第三部に「悪しき女について」と標題をつけて、散々な女性嫌悪の暴言を吐いている。


女は悪魔が人類にしかけた最悪の罠であり、すべての悪の根源、あらゆる悪徳の芽である。女は、すべて娼婦であり、ライオンの頭と蛇の尾、そして胴体には燃える火があるだけだ。

マルボードにやや先立つ、十一世紀ベック修道院の修道士ロジェ・ド・カーンの『現世厭離《えんり》の歌』も、マルボードにおとらぬ女性嫌悪の表明である。

十二世紀初頭、ヴァンドームの聖三位一体修道院長ジョフロワは、自分の配下の修道士らに諭《さと》して、女性が美しいのはその表面だけであり、道徳的には嫌悪すべきものだから、女に近づかず離れるように述べている。

女は半身に「死」を隠しもっている

南ドイツ、プレモントレ会の修道院長マルヒタールのコンラートは、「女性の邪悪さは、世界のほかのあらゆる邪悪さよりもおおきい。……毒蛇と竜の毒は、女性との親しいつきあいの害毒よりもずっと癒しやすく、危険性もすくない」と述べる。

『魔女の槌』では、その第一巻第六章が、「魔女たちが悪霊に身をまかせるのはなぜか」と題され、聖書、教父、ローマの著作家などを引用しつつ、女性の悪辣さ、軽信、饒舌《じょうぜつ》、知性の欠如、淫乱さ、男を堕落させる声などについて論じ、従来のあらゆる女嫌いの集大成となっている。

その章の結論として、「あらゆる妖術は肉欲から起こり、肉欲は女において飽くことを知らない。……それゆえ、その肉欲をみたすため、彼女たちは悪霊とさえ交わる」という。

結婚の悲惨

聖界から世俗の世界に視線を移してみると、どうであろうか。宮廷文学にも「女嫌い」が浸透している。それは終始そうなのだが、とくに都市が繁栄して、いわゆる市民文学が擡頭すると、ますます女性の性根の悪さが念仏のようにくり返され、一種のトポス（定型表現）になる。

たとえば、十二世紀に『恋愛技法』を書いたアンドレアス・カペッラーヌスによると「あらゆる女性は本性上吝嗇《りんしょく》であるだけでなく、嫉妬ぶかく、他の女性を悪しざまにいい、貪欲で、不実で、気まぐれで、おしゃべりで、嘘つきで、飲んだくれで、秘密を守らない」存在である。

また『バラ物語』や『結婚十五の楽しみ』などをはじめとして、結婚が男にとっていかに恐ろしいものであるかを説く風刺文学・笑劇は、それこそゴマンとある。結婚は愚かな妻の虚栄心のために、苦しみや諍《いさか》い争いにみちている。そして彼女たちのおこなう危険なことや口にする非難の言葉にあふれている。

さらに妻たちは多くの機会をとらえてねだったり要求したり文句を並べたりするが、それも堪えがたい。彼女らを押さえるにはなみなみならぬ努力がいるし、その愚かな意志を制御するのも大変だ。そうした結婚の悲惨が、十三世紀から中世末にかけて頻繁に文学の主題となるのである。

世俗の「女嫌い文学」にあらわれた哲人アリストテレスは、女の尻にしかれている

宮廷風恋愛の女性礼讃

しかし、世俗文学では、女性が嫌悪され呪われるのとおなじくらい、女性の美しさや素晴らしさが称揚されていることを忘れてはならない。宮廷風恋愛とは、近よりがたいほど美しい女性を、へりくだった男性たちが、こころを千々に乱しながらひざまずいて礼讃す

ることを本質としているのであるから。

まず、十二・十三世紀に南フランスで活躍したトルバドゥールや北フランスで活躍したトルヴェールらは、美しい抒情詩を書いて女性の美をたたえる歌を多くつくった。ついで宮廷風ロマンにおいても、勇敢な騎士たちは、美しい貴婦人に気にいられるために命を賭《と》して冒険をかさねる。

さて、この宮廷風恋愛における女性称揚のひとつの起源ともいわれているのは、十二世紀よりヨーロッパにひろまった「マリア崇拝」である。このマリア崇拝を機縁として、讃仰されるべき女性が、はじめてヨーロッパに登場したことになる。

しかも、現実の女性がマリアをモデルに掲げる態度さえ否定されなかった。ということは、十一世紀以前のような、否定一色であった女性の理念にかわって、宗教界においても肯定的な女性評価の言説ができてきたということである。

まず、十一世紀から修道士や聖職者のあいだでマリア崇拝がわき起こりはじめ、熱心に彼女に祈り、彼女に罪を告白し、詩で彼女をほめたたえ、彼女の神秘を瞑想する。マリアにささげられた祈禱《きとう》集がさかんに編《あ》まれるのもこの時代からである。

マルボード、ジョフロワ・ドーセール、フュルベール・ド・シャルトル、カンタベリのアンセルム、聖ベルナールなどが、十一・十二世紀にマリア崇拝を奨励した主要な教会人である。

かれらはマリアを〈天国の門〉、〈罪人の避難所〉、〈人類の希望〉など詩的なたとえで呼んでとりなしを望んだ。

処女にして母

マリアとは、特別の女性だ。なぜなら、彼女だけが「処女にして母」なのであるから。「処女にして母」たることとは、普通の人間にはできない相談である。しかし一生処女を守ることなら、できないわけではあるまい。マリアが宗教生活のモデルとされたのは、まずなによりも彼女が永遠の「処女」であったからである。当初は、その母性よりも処女性に、よりおおきな注視が集められていたのである。

イヴが処女性の消失によって楽園を追放されたなら、マリアは、その処女性の保存によって勝利を獲得するのであり、そのからだは穢《けが》れなく完全なのである。

処女信仰は、クリュニー改革とグレゴリウス改革の過程で一段と強化され、聖職者のみか俗人にもその考えはひろまっていった。聖なる処女の境涯は、呪いをまぬがれているとされた。

十二世紀前半のトゥール大司教で代表的ラテン詩人であったラヴァルダンのヒルデベルトゥスは、処女で修道女になったものたちについて述べる。

彼女たちは、自分の肉体にたいする男の権力から自由であり、また彼女らの生むかもしれなかった子供にたいする恐れからもまぬがれており、天ではかならず報われ、いやすでにこの世でも自由を享受している。

これは、原罪をおかしたことによる二重の罰からの自由であった。つまり妊娠出産の苦痛という罰からの自由と、社会での男への服従という罰からの自由である。

初期中世から盛期中世にかけて修道院にはいった女性たち、とりわけ聖女として他の修道女の模範となったものは、このような性の穢れからまぬがれた処女＝純潔性を、魂の救いの前提条件としていたことはすでに見たとおりである。

威厳から慈愛へ

この母にして処女たるマリアのイメージが一般信徒にもひろまったのは、マリア崇拝がおおきくひろがった十二世紀以降である。もともとは聖職者や修道士という男性が、信仰心が柔和になったこの時代、人類の優しい母としてのマリアにすがったのが始まりである。だが、すぐあとにつづいて、男女の一般信徒が、マリアに病や困窮から救ってくれるようさかんに祈りをささげるようになった。

そうしたなか、十二世紀からマリアにささげられる教会がふえ、マリアの奇《き》蹟《せき》譚《たん》も多数収集されてひろまった。マリアに関する祭りが盛大におこなわれる。マリアを彫った彫刻や絵画が各地の教会を飾るようになる。

さらにそのマリア像は、キリストの付属ではなく、「聖母子像」にせよ「聖母マリアの勝利」にせよ「聖母マリアの戴冠《たいかん》」にせよ、彼女こそが主人公になる。以前の聖母像を特徴づけていた神の母、天の女王としての威厳はうすれ、慈愛にみちた母親として、また謙譲の美徳をそなえた女性としての性格がつよく押しだされている。

世俗の女性に救いはあるか

以上の紹介からうかがわれるように、女性のキリスト教における位置をさぐるモデルとしては、十一世紀以前はほとんどもっぱら悪と淫乱の権化であるイヴの像であったが、十二世紀以降、処女マリアのイメージがひろまり愛好されだした。と同時に世俗文化においても、美しい貴婦人を賛嘆する「精美の愛」が流行した。

しかしいずれにせよ、一生処女を守ることはだれにもできるわけではなかったし、美しい貴婦人も、ごく例外的な存在であった。

マリア様は、優しく人びとに慈愛をしめし、危険や病気から救ってくださるかもしれないけれども、それはそのまま、ふつうの女性たちの罪が軽くなることにはつながらない。たしかに、子をいつくしむ母としてのマリアや謙譲・服従をしめすマリアは、ふつうの市井の女のモデルともなりえた。事実、神学者たちは、そのようなマリアの姿にならうよう、説教で女性たちに説いた。しかし、それが直接、救いにつながることはなかった。

さらに重要なのは、女性蔑視の言説も女性賛美の言説も、おなじ女性観の裏表であり、現実の女性にはけっしてよい作用をおよぼさなかったということである。そしてこのような両極に分解した女性観は、中世をこえてルネサンス、そして近代までをつらぬいている。たとえば、ルネサンス期には、図像でも文学表現でも、美徳と悪徳のアレゴリーとして女性の姿が頻繁にもちいられたし、また、女性の美醜に善性と悪性をふりあてる作業もさかんであった。

女性はとにかく人間ではない。天使か悪霊かどちらかである。またルネサンス期には、女性の欠陥の宇宙論的な説明が、新プラトン主義の影響の下になされた。女性は月や夜とむすびつき、他方、男性のほうは、太陽や昼と関連づけられるのである。

それでは、このような極端に二極分解した女性観に包囲されたふつうの世俗の女性は、魂の救いの道からまったく外れているのであろうか。それとも世俗の罪深い女性にも、救いの可能性は残されているのだろうか。それを順次考察していこう。

7つの美徳と7つの悪徳を、女性の姿で象徴させている

女性の頭は、月の影響をこうむるとされた

2　女のからだ

二つのからだ

宮廷文学においては、女性のからだは憧れの的《まと》、どんな賛辞もものたりないほどの美しさだとほめたたえられている。たとえば、憧れの貴婦人の眉は、茶か黒で細く繊細であり、顔や髪とのコントラストが際だっている。眉間および目と眉の間はひろくあいている。目はにこやかで輝きおおきく丸い。口は、小さく赤くあまり細すぎない。歯は小さく形が整い白く輝いている、などなど。

自分でも不思議だ　この思いを
打ち明けずに生きながらえうるとは
わがマドンナの姿が目に入ると
美しい眼がまことに似つかわしいため
そちらへ駆け出す衝動を抑えかねるほど
恐れさえなければそうしたろう
かつて見たためしがない　愛の業にふさわしく見事に

刻み描かれた女体の　かくもためらい渋るのを
（ベルナルト・デ・ヴェンタドルン「みずみずしく若草と若葉が萌えいで」〔新倉俊一訳〕）

しかし、このように宮廷文学において賛嘆された女のからだは、きわめて類型的である。現実のだれそれのからだがほめたたえられているときでさえ、宮廷の男たちの渇仰《かつごう》する「理想の女性」のからだが彼女に投影されているだけであった。

というわけで、宮廷文学や宮廷イデオロギーには、女性たちはあまり期待できなかった。それでは、キリスト教的な身体観はどうであろうか。こちらはさらにひどかった。キリスト教は、その初期より身体についての思弁をかさねたが、暗黙のうちに、男性のからだと女性のからだを同等にはあつかわないことが前提になっていた。男と女はどこがちがうのかといえば、それはなにより、からだの仕組がちがうのである。

キリスト教特有の女嫌いと女性礼讃の二律背反は、彼女たちのからだにも投射された。醜く、人類を地獄に突き落とすような呪われたからだと、もうひとつの、救いをもたらすからだの二つがあるとされた。

女性のからだを呪われたものとする考えは、キリスト教の伝統のなかできわめて古くからある。そこから、男装聖女や修道女の女性性滅却の衝動が生まれたことは、すでに見た。その反対に、からだ、とくに女性のからだを救いの手段とみなす見解は、より最近のものにすぎない。

女の汚いからだ

旧来のキリスト教的コンテクストのなかにすえられた女の肉体は、肉体のうちでもとりわけ忌み嫌われた汚い肉体になる。それは、淫乱で、人類の原罪の源となり、いつも人間――男――を完徳への道からそらそうとしている。

女性のからだは、欺瞞《ぎまん》的美しさで男を真実の探求からそらす。アウグスチヌスやテルトリアヌスら教父たちにとって、女性のからだは魂を反映していない。それは性の虜《とりこ》であり、偽りの表面である。

男がからだも魂も神の似姿につくられたのに、女のほうは魂のみがそうであった。それゆえ女のからだは、霊の首位性と理性の行使に恒常的な障害となる。それだけでなく、それは女性の罪深い本性を欺瞞的魅惑でおおい隠そうとして、「欺《あざむ》くからだ」であるから二重に罪深い。

女のからだの本性的罪深さは、忌むべきだが、変えようがないからしかたないともいえる。せめて女の表面的美しさが、彼女のからだの本当の意味、つまり真実の罪深さ、醜さを隠してしまわないようにしなくてはならない。すなわち、女のからだの醜さ、罪深さという意味ないし意味の否定を、そのまま表面にも反映させなくてはならない。

女の真実を、可視的にからだにあらわすべきである。いかに悲しい真実であっても。そのため教会人は化粧をひどく呪い、けばけばしい化粧には罰を課した。

「女の美しさは皮膚のなかにまではおよばない。もし男たちが皮膚の下にあるものを見ることがあれば、女性を見ることは反吐《へど》をもよおさせるだろう。われわれが指先で痰《たん》や糞《くそ》にふれないのに、どうしてわれわれは、この『肥溜《こえだ》め袋』を抱くことができようか」と、十世紀のクリュニー修道院長オドーは、修道士たちにいう。

毒をつくるからだ

十三世紀には、女性はそのからだのなかで毒をつくると真剣に信じられた。かの自然学の泰斗《たいと》アルベルトゥス・マグヌスまで、ギリシャ医学にもとづいてそう主張しているのである。

女性の体内に分泌された毒は、その視線を伝っても外部に放射される。生理中の女性は鏡を赤くくもらすし、その目の前のものすべてを汚染する。とくに子供は用心する必要がある。

閉経時の女性は一段と危険だ。というのは、その体内の毒を経血として出すことができないからである。また、悪い食糧は危険をより高める。ということは、下層社会の老女ほど危険な存在はないということになる。

生理的メカニズムが人類を害する毒を生産するというのは、まさに最高の反女権主義であろう。このような関係が自明視されると、魔女はいくらでもつくられる道理である。

事実、魔女のからだとは、とてつもなく汚れたからだであった。それは毒をつくるからだであり、吐く息によって人の手足の自由をきかなくしたり、病気にしたり、殺したりする。また、毒は視線（邪視）をとおっても発出する。彼女に見つめられるのはきわめて危険であった。魔女のからだはさらに、このうえなく淫乱であり、悪魔や動物と果てしなく交わって、快楽に溺れた。

このように女性のからだを否定的に意味づけようとする考えは、近代にいたるまでたえることなく続く。

女性の肉体観の革命的転換

さてところで、後期中世になって、このようなとりわけ汚れた肉体としての女性の肉体をまったく逆手にとったような、女のからだの肯定的評価があらわれる。しかし問題は、それがずっと遅れてあらわれたということだけではない。もうひとつは、一見ささいな差異であるが、じつは重大な結果をもたらす差異であった。つまりこういうことである。

女のからだを、男より劣った、それどころか本質的に汚れ、罪深く、救いの阻害となるからだととらえたのは、最初は男たちである。しかし、そうだったとしても、それを女も素直にうけいれて、救いにちかづくために自分たちのからだを無化しようとしてきた。

ところが、後期中世に生まれた女のからだの肯定的・積極的評価は、もっぱら女自身が自分たちで編みだしたものなのである。それが、その画期的意義である。

くり返すと、およそ十二世紀くらいまでは、女性たちのからだは、性そのものであり、そのコントロール、規律化が、淫乱なからだに閉じこめられた魂を解放するために必要とされた。

呪われた性＝女の性を廃棄する要請は切実であった。初期中世の「聖女」についてすでに見たように、女子修道院でも、またあとで見る俗人たちの女性宗教運動においても、その願望は顕著に見られるものである。

彼女たちは、肉体を滅却するために、きびしい苦行や禁欲をおこなった。はげしく断食し、茨《いばら》の間や氷水のなかに飛びこみ、またわれとわがからだを鞭うち、ナイフやツメを突きたてる。女性の宗教者はとくにとり憑かれたように禁欲行にはげんだ。

ところが、この桁外《けたはず》れに穢れたはずの女性の肉体は、後期中世には、一方で魔女のようにその穢れをましていくようだが、他方では、女性とりわけ聖女たちが、その肉体をつうじての救済を思いえがくようになって、構図は一部で逆転する。

中世の後期からは、女性のからだは、その霊的上昇の手段、神への接近手段として、あらたな積極的評価をうけるのである。

外的変化から内的変化へ

十三・十四世紀の女性たち、なかでも神に一生をささげた聖女たちは、肉体と性を抑圧することが救いにつながるとの考えをきっぱり捨てる。そして肉体を積極的に、そして内的に操作することで救いにいたろうとするようになる。

そのとき、突如、彼女らのからだに異変がつぎからつぎへと起こりはじめる。つまり、苦行のように外から変化を加えるのではなく、肉体が内的に変化する、あるいはそれを内的に操作するのである。

どんな変異かといえば、それは、聖痕《せいこん》、トランス状態、身体浮揚、痙攣《けいれん》やひきつけ、身体硬直、身体各部の奇蹟的伸長や膨脹、エクスタティックな鼻血、奇蹟的な乳汁や香油の分泌、神秘的妊娠などなど。これらが、第2章でやや詳しく見た「聖なる拒食症」とともに救いの手段でもあり、すでに選ばれた証拠でもあるのである。

つまり女の肉体をもっていることを十二分に主張しつつ、彼女らは救済を求めたのであり、ときには自分をイエスの妻または母とみなして、性交渉や授乳をしたのである。まさに革命的転換である。

女性のからだをつうじての救いの諸相のうち、もっとも代表的なものについて、もうすこし解説してみよう。

聖女は母性とエロスを主張しはじめた

①聖痕。これは、聖フランチェスコのような男の聖人もうけるが、女のほうが圧倒的に多く、女のからだの奇蹟として一般化する。そしてそのうけた聖痕の傷が周期的に血を流すというのは、女だけに許された恩寵である。

②奇蹟的な出乳。これは当然ながら女だけの特権である。十三世紀初頭のネーデルラントにはこの奇蹟的出乳を経験した聖女が多い。その他の聖なる分泌もあり、とりわけ死後芳香の油を分泌する女はおびただしい。さらに神秘的妊娠(想像妊娠)もすくなくない。孕《はら》むのはイエスの子だというから、おどろきであろう。

叫びという言語

③悲鳴・わめき声・嗚咽《おえつ》。この「身体的」な声は、まるで神によってあやつられて原初の声をよみがえらせているようだ。十四世紀前半クララがリミニで、十五世紀前半マージェリー・ケンペがリンやローマで、この叫び声を発したとき、周りの人びとは困惑したが、そこに他界からくる神聖な声を感じた。リミニのクララは、狂ったように叫びまくった。マージェリー・ケンペは誰よりも、この叫びと嗚咽の新たな「言語」と「文法」を発明するのに身をささげた。つねにイエスの受難に思いをめぐらす彼女は、おびただしい涙をながしてはげしく泣きじゃくり、まわりの修道士や聖職者や俗人から軽蔑、叱責された。しかしマージェリー本人にとっては嗚咽は効果的で、それは悪魔を苦しめて、かれから

多くの魂をひき戻した。嗚咽のなかで、彼女は主の受難を再現し、地に平伏して心臓が張り裂けんばかりに両腕を動かし吠えまくった。

彼女は、この「叫びの儀式」を己の霊性の構成部分として、加速度的に沢山とりいれていった。最初は月一回ついで週一回、それから毎日一回だったのが、やがて一日一四回もの「叫びの行」をするようになった。

一種の癲癇《てんかん》性痙攣だとみなせるが、それを押さえようとすると、彼女の顔は鉛のように青白くなる。この叫びが、身体に鬱積《うっせき》した過剰なエネルギーを放散して、天への道を切りひらく。咆哮《ほうこう》・嗚咽・悲鳴を主要な語彙《ごい》にもつひきつけの言語、これは神によってひき起こされるのであり、彼女自身それを始めたり終わらせたりできないという。

この叫びの儀式は、「涙の儀式」に接合する。多くのものの罪を泣くのとおなじように、自分の罪をも泣き、また煉獄《れんごく》にいる他人の魂やまた貧者やユダヤ人やサラセン人や異端のためにも泣いて、とりなしを願う。ある日、マージェリーは、この叫びと涙の意味をキリストにたずねる。するとキリストは答えて、つぎのようにいう。

「わたしは大粒の雨とはげしい嵐を、またときには小さな通り雨をあなたに送ります。それは、このようにしてわたしがあなたの魂のなかで語りたいときに、あなたに働きかけているのです。あなたにたいする愛の保証として、わたしはときどき、あなたに軽い泣きと甘い涙を送ります。あるいは、わたしの母（マリア）の苦悩をあなたが理解するのを見たいという願いの保証として、わたしはあなたにおおきな叫びと咆哮を送ります。それは、わたしがこうして授ける恩寵のおかげで人びとを一驚させて、彼女（マリア）がわたしのために苦しんだすべてを前に、惻隠《そくいん》の情をかきたてるためです」と。

奇蹟の展示場

また、さらに奇妙なのは、聖女の遺体からながれる香油や、その埋葬時にからだを開いてみて見つかる、心臓に彫られた十字架その他の図柄である。死後のみか、生前からして「聖遺物」となる女のからださえもある。

ふつう、聖遺物とは、聖者の死体の一部、とくに骨のことで、その奇蹟力を期待して信徒たちは崇めたのであるが、生きた聖女のからだ（の一部）が、聖遺物同様のはたらきをするとされることがあったのである。

要するに、一二〇〇年以降、聖女のからだは不思議な奇蹟的変異の展示場となるのである。

これらの肉体的異変、あるいは病理的現象は、否定的な評価をこうむるべき病ではなく、まったく反対に、彼女たちが霊的世界の間近にいる証拠なのである。そしてそこには一種の身体言語があり、同時にもちろんその文法もある。つまり彼女たちのからだは、霊界と魂との交信が実現する劇場と化したのである。

たしかにこれらも選ばれた特殊な女性だけにめぐまれた恩寵であり、魔女と聖女の狭間に生きる普通のふつうには縁がなかったともいえる。しかしながら神秘的妊娠にせよヒステリーにせよ嗚咽や号泣にせよ、まさしく女性の身体固有の現象であり、それは、とりたてて禁欲・苦行に身をささげないふつうの女性にも、いつでもやってきうるのであった。

男による再評価

さて、女性のからだはルネサンス期に、古典文化の復活とともに、社会的に——ということは男性によっても——再評価される。その証拠に、中世美術において女性のからだは、たんに美徳や悪徳の擬人化にすぎず、現実の女性の裸体に画家たちは関心をしめさなかったのであるが、ルネサンス期になると女性の肉体の美が輝かしく宣揚され、町にその艶《あで》やかな姿をあふれさすのである。

ヴィーナスの肉体美が愛好され、人びとの凍りついた鑑識眼を陶酔させて溶かす。肉体は罪ではない。その美は、内面の美そのものである。肉体が優美なことは積極的に評価すべきである。

マルシリオ・フィチーノらの老練なプラトン派哲学者が、十五世紀後半その見解を理論化したこともあり、女性のからだは、罪から解きはなたれた。それはより詳しく観察表現されるもの、また堂々と誇示されるものになり、その美は、それを見る人に幸をもたらす。

ボッティチェリ「春」は、女性の肉体を優美に描いている

また、女性のからだは自然にちかいと考えられたため、この時代、それは自然や豊饒のアレゴリー、自然の女神の象徴となった。

意味のあるからだ、意味のないからだ

ここに、魂と肉体の対立は解消したかに見えた。

だが、まもなく多くの医者・哲学者たちはあらたな対立項を導入して、女性のからだをふたたびおとしめる。つまり十七・十八世紀には、肉体を魂でなく精神と対立させ、女性の劣等性を証拠だてる議論が登場するのである。

女性の本質はからだにある。からだが精神を支配している。しかもそのからだが男性より弱い。だから当然、彼女の精神も弱く、彼女は知的に劣っているのだという。

それにたいして、男のからだは、いつもなんらかのポジティヴな意味をまとわされて歴史に存在してきた。それは魂を反映し、精神の僕《しもべ》であり、意思や労働力の道具であった。

しかし、それらを否定するのが女性のからだであった。

そのようなポジティヴな意味を欠くことが男のエロスをかきたてるという妄想に、いつも女性のからだはさらされてきた。男性はそこに女性の神秘を感じとった。女のからだは美しく魅惑的だ、なんの意味もないが。

今日のフェミニストたちは、女のからだの、意味の否定や、意味の押しつけ――たとえば子供を生むからだ——に抵抗して、肯定的な意味の選択を実現しようとしている。しかし、無意味な魅力的なからだを追い求め、その上に視線をはわせ、神秘を感じとろうとする男たちの妄想との齟齬《そご》は、当分解消しないであろう。

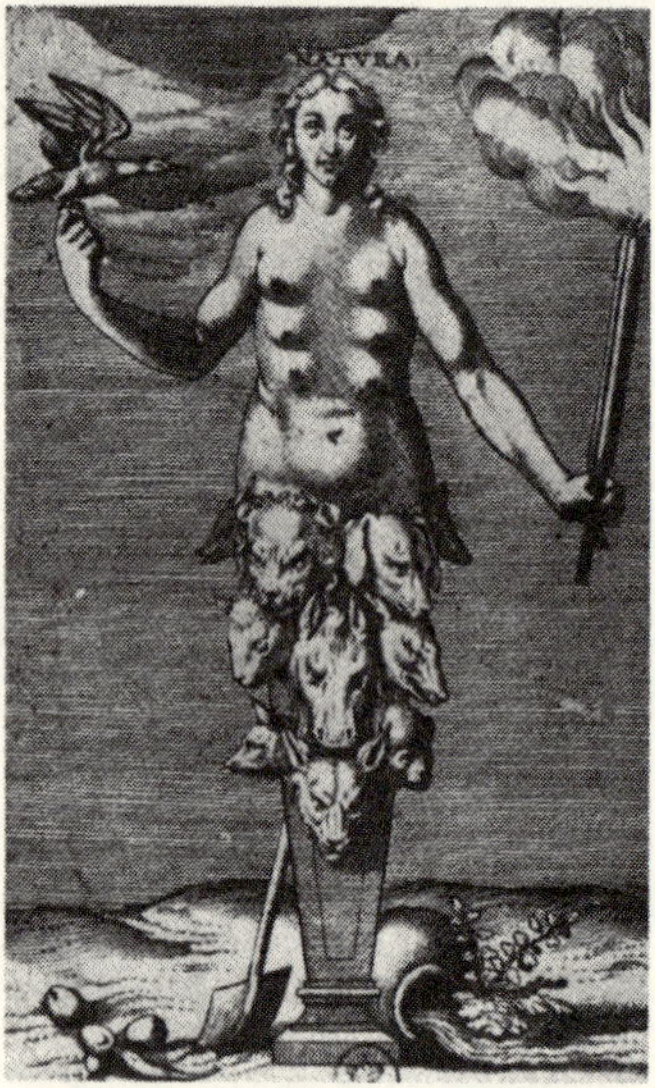

女のからだは、豊饒なる「自然」を象徴する

3　母性の勝利

家族の時代

後期中世は「家族の時代」である。イタリアが先陣をきるが、どの国でも、核家族化した家が、社会の基本細胞としてジワジワと権利を主張してくる。

核家族化とそのなかでの家庭生活重視の風潮にあって、人文主義者やキリスト教の指導者たち、また芸術家らは、家族とともに夫婦や結婚、さらに母親についてのあらたな肯定的評価をくだすようになる。イタリアの人文主義者によると、家族は、社会のもっとも基本的な制度であり、美徳や愛国心を育成し、また教育にも不可欠な場であった。

この時代の女性について考えるうえで、とりわけ大切なことがある。それは、かつて一〇〇〇年にわたって、母たることと聖性はずっと相いれないものだとみなされてきたが、ようやくこの時点にいたって、実際に母たることが、聖性の道をすすむさまたげにはならない、とされるようになったことである。

それまでは、処女こそ聖性にいたる唯一の手段であり、そのつぎが寡婦であった。妻は最後である。妻のなかでも母は、性行為の爛々《らんらん》たる証跡を日々誇示しているにほかならない。聖母マリアの母性も、その処女性の影にかくれて、中世後半にいたるまでは、あまり強調されることがなかったのである。

しかし、十三世紀以降になると、結婚した女性、母たる女性が、ますます聖者の列にくわえられるようになった。

母であり、一家の主婦である女性が、その家をすてて宗教生活にはいる。それは、世俗の家族・社会関係をすてることである。しかし同時に、聖女が弟子や貧者たちの「母」として愛され、またそう振る舞ったことは、宗教における母性の重視を裏側から物語っているといえるのではあるまいか。

マリアは母親として描かれることが多くなった

母の聖性

母であったが、夫の死後、宗教生活に身を投じて聖女となった例として有名なのは、ハンガリーの王女でチューリンゲン伯に嫁いだエリザベート（一二三一年没）、スウェーデンの高貴な家系の出自ビルギッタ（一三七三年没）など、多数にのぼる。

シエナの聖女カテリーナ（一三八〇年没）は、結婚したことはなかったが、弟子たちに「母」と呼ばれ、そう振る舞った。フォリニョのアンジェラ（一三〇九年没）もそうであった。

アンジェラは、三十代の終わりに、家庭の絆にうみつかれ、聖フランチェスコの教えにしたがって贖罪《しょくざい》の道を歩みはじめる。そして夫と子供たちの死後、全面的に神につかえる道にはいる。やがて彼女は、彼女にしたがう男グループの「母」となり、また、フランチェスコを「父」として、そこに霊的家族ができあがった。

彼女らに見られるのは、世俗の家族は聖性の道をすすむさまたげであり、それを反転させた霊的家族こそ、皆を救う手段であるという考えである。そこにおいて「母」となることが、彼女らの役目であった。

しかしいずれにせよ、ここでは、処女性と聖性の千古不易《せんこふえき》と思われたむすびつきは、きれいに払拭《ふっしょく》されている。

また、霊的修行において、イエスの母になるという神秘的体験が、ごくふつうの修道女の体験となる。これは、「聖体をいつくしむ聖女」のところでも触れたことだが、ここでも二つ例をつけ加えてみよう。

十四世紀ドイツはエンゲルタールのドミニコ会修道女クリスチーナ・エープナーは、イエスを妊娠していると夢見て、かれを出産した(と幻覚した)。彼女はよろこびをおさえることができずに、その両腕に赤子を抱いて、食堂に集まっている仲間の修道女たちに見せにいき、「ねえ、わたしと一緒によろこんで! わたしは、もうよろこびを隠せないわ」と叫んだ。

そして、おなじエンゲルタールの修道女アデルハイト・ランクマンは、マリアによって、寝ているあいだに腕のなかに子供をさずけられ、自分の胸で授乳し、朝課の鐘が鳴るまでともにすごした。

このような赤裸々な、現実感あふれる幻覚を見た聖女が多かったのである。

地上に降りた聖家族

霊的な「母」概念が擡頭し、そして、母を中心とする霊的家族の重要性が聖女の生活において際だってきたのは、おそらく聖アンナ(マリアの母)を中心とする「聖なる親族」、そしてヨセフを中心とする「聖家族」崇拝の高まりと関係していよう。

ミケランジェロによる「聖家族」

このマリア、ヨセフ、イエス三者のつくる家族は、庶民の核家族でも模倣可能な、地上に降りた聖家族であった。これらの「聖家族」や「聖なる親族」の心温まる親密な図像が普及し、その後につづいて、魅力的な小児やそれをかこむ家族の姿が、美術に、文学に、より頻繁に登場するようになった。

この優しい家族や母の情愛は、神をよりよく愛するのに必要な宗教的感性の中核となった。そして、父母と子供のつくる家族のメンバーの特別な義務や特性が注視され、それが人間の家族と神の家族をつなげようという社会化した宗教感情をもたらした。

とりわけ母親たちにとっては、聖家族の表象は、母性を、愛や苦悩そして

聖母子にアンナを加えた「聖なる親族」

悲しみと結合する連想に導いた。マリアは、天の女王として畏敬の対象となるよりも、赤子の世話をするしがない若い母親か、あるいは十字架を前に苦悩に身をよじらせる老女として、つまりいずれにせよ「母」として描かれることがますます頻繁になった。

人文主義者らの考えでは、母親こそ、家庭において子供に道徳的・知的・市民的教育をさずける教師なのであった。彼女は、ミルクとともに子供に最初のレッスンをさずけ、それが、子供の将来の全教育の礎となるのである。

世俗にいたときに母であったかどうかにかかわりなく、母＝聖女たちは、その母性を弟子のサークルをこえてひろげ、病者や貧者など、すべての困っているものたちにささげた。私的で利己的な世俗の母の愛を、聖なる慈愛へと転身させたのである。

母の力、その根源はもちろん、マリアの力である。が、またイエス自身が「母」とみなされることによって、神の力ともなるのであった。

女性の空間の誕生

このような宗教における母性の勝利の意味は、世俗にふつうに生きている母親たちにとっても、きわめて大きかったであろう。なぜなら、後期中世、つまり十四・十五世紀には、家族が社会の基本細胞となるとともに、母親の家庭での権威と責任が認識されるようになるからであり、さらに彼女たちは、後段で検討するように、家庭に、女性的な感性に支配された新たな空間を形成していく原動力となるからである。

実際、後期中世からルネサンス期にかけては、女性の法的・社会的地位は低くなるものの、家のなかでの、家族にとっての、女性の「精神的役割」は、以前にくらべてはるかに重要になるように思われる。家庭は、母と子供を中心に動きはじめるのである。

後期中世以降の家族では、初期中世の大家族にあったような広範な社会的結合は失われたが、その反面、家族のなかでの凝集性がました。家庭生活の喜びがはじめて公然と語られ、家族の情愛が再評価される。崩壊しつつある社会構造のなかにあって、人びとのもっともつよい感情的絆のよりどころとして、変貌した家族は生きのびたのである。

さて、その凝集性は社会的なものであるとともに、感情的なものでもあるのは当然である。そして、家族の感情的な絆をつちかっていったその中心にいたのが、女性、母親であったのである。

核家族化した家を守り、子供を教育し、夫をたすける母＝妻としての女性。彼女こそ、家を切りもりする過程で、家族感情のありかたを決定したのである。

当時、ようやく国家や都市の公的領域と截然《せつぜん》と区別されるようになった、私的領域としての家。それが私的領域であるゆえんは、そこには公的領域とは異なる社会関係とエートス（道徳的品性）があったからである。そして、そのエートスをつくっていったのは、家を守る女性であった。

しかし、この家庭における女性の役割の拡大は、じつは近代的な「男は仕事、女は家庭」というイデオロギーと、それにもとづく政治・社会・経済制度構築とむすびついていたことを見落してはなるまい。

十六世紀には、宗教改革者も人文主義者も、母親を二つに分けて考えた。家にこもって家事にいそしみ、子供を愛情深く育てる「よい母親」と、それを怠る「悪い母親」である。かれらは前者をたたえて、後者を呪う。

「結婚賛美」「母親賛美」がなりひびくなかで、女性にたいして貞潔・服従の美徳が、ふたたびきびしく課されるようになったのである。そして、それは十九世紀にいたるまで変わらなかった。

4　娼婦とマグダラのマリア

すべての女性の代名詞

これまで、本章では、ヨーロッパの宗教世界においては、女性の理念・イメージが、マリアをモデルとする聖性と、イヴをモデルとする魔性とに当初から二分割していたこと、そしてそれが、十二・十三世紀にキリスト教文学や世俗文学のもりあがりで一層顕著となったばかりか、女性のからだにまでもちこまれて厄介な賛美と嫌悪の評価体系をつくりだしたことを見てきた。

また、後期中世には、マリアの称賛とともに、宗教的にも世俗的にも母たることが肯定的に語られるようになったこと、そしてそれが次第に家父長制的イデオロギーにとりこまれて、新たな女性抑圧につながったことも見た。

では、そうしたマリアとイヴのモデルだけしか、女性には模範とすべき女性はいなかったのであろうか。あるいは教会のすすめるように、処女を守りとおしたり、貞淑な母になるという道を選ばない女性たちには、なんらの救いもないのであろうか。

マグダラのマリア

マリアとイヴ以外の女性の宗教的モデルは存在しないのであろうかと調べてゆくと、やはり聖書の登場人物、マグダラのマリアにいきあたる。彼女はもともと身をもちくずした娼婦であったが、悔い改めてイエスに罪を許され、救いを手にすることができた。

福音書の扉をひらいてみよう。マグダラのマリアが登場するのは、「ルカ伝」七章で、そこでは、ファリサイ人の家で食事の席に着いていたイエスのもとに、彼女が香油のはいった壺をもってきて、イエスの足を泣きながら涙で濡らし、自分の髪の毛でふいてイエスの足に接吻して香油を塗った。そして彼女の示した愛のおおきさによって、多くの罪を許されたことをイエスは告げる。

また、「マタイ伝」二一章では、悔い改めた娼婦は、神の国に、祭司長やファリサイ人に優先して席を占める、とイエス自身が告げる。

失われた処女を、身体的にも精神的にも回復するてだてはなにもない。なにもないから、処女だけがなんとか罪からまぬがれていると考えられた十世紀以前には、女性に救いなどほとんどありえなかったのである。

しかし十一世紀に改悛《かいしゅん》運動が擡頭すると、女性も悔い改めによって、その罪をあがなえるとの考えが、徐々にひろまっていく。そこで、改悛して更生したマグダラのマリアは、娼婦ばかりか、あらゆる結婚したことのある女性一般の宗教的モデルとなったのである。

修道女か結婚か

十一・十二世紀に、突然の火の手のように、マグダラのマリア崇拝がさかんになる。それには、フランス中部のヴェズレー修道院の影響力がある。だがもうひとつには、当時の改悛運動をもっとも強力に推進した、西フランスの森を中心に活躍した隠修士《いんしゅうし》のおかげである。

隠修士とは、出身は俗人にせよ聖職者にせよ修道士にせよ、つよい罪の意識にとらえられて、その贖いのために森のなかにはいって孤独な禁欲と瞑想の生活をおくる者たちである。

かれらには、ことさらマグダラのマリアへの帰依心があつかった。隠修士は毎日マグダラのマリアとともに主の死を思い、罪人に同情して涙したし、しばしばマグダラのマリアがかれらの夢にあらわれ、苦難のときに慰めてくれた。そしてかれらの多くは、その礼拝堂や庵をマグダラのマリアにささげ、彼女の保護下においたのである。

隠修士らは、罪の意識と改悛の情にとらわれ、きびしい苦行を自らに課したが、同時に他の罪人にたいする慈愛にもあふれていた。かれらはとりわけ娼婦の救いと更生に真剣に取りくんだが、それはかれらのマグダラのマリアにたいする帰依心と無関係ではあるまい。

かれらは娼婦をはじめとする俗塵《ぞくじん》にまみれた女性を前に、神の慈悲を教え、贖罪を説いた。そしてそれだけではなく、たとえば燃えている薪を自らのからだに押しあて、それに平然と耐えて、彼女らに禁欲の意志のつよさと神の恩寵を明示したりもした。

そして、このような努力のかいあって、世俗の生活から引き離した女性たちのために、各地に修道院を建てたのも隠修士の功績であった。十一世紀から十二世紀初頭という早い時期に、隠修士が女性の魂の救いを真剣に考えたことは画期的であった。

さて、隠修士の慈愛の最大の対象であった娼婦たちは、教会に依拠すればその悪の道から離れることができた。その道には二叉ある。まず彼女たちが修道女となること。おそくとも十二世紀からは、改心した娼婦のため、その更生を期して新たな修道院がつぎつぎと建てられはじめた。

また、一二二四年には、改心した娼婦のために、特別の修道会を創設する努力が始まり、三年後には教皇グレゴリウス九世が、「マグダラのマリアの館」にたいして教会の最高の認可をあたえた。これら白衣の修道女たちは、世俗の君主の支援をも得て、以後、十四世紀にかけて各地の多くの都市にひろがってゆく。

修道女とならずに更生する第二の道は、結婚することであった。インノケンティウス三世（在位一一九八―一二一六年）などの教皇は、改悛した娼婦と彼女の更生のために結婚する男を称揚し、そのおこないは小さからぬ善行だとした。が、より慎重で懐疑的な教会法学者もすくなからずいた、とつけ加えておこう。

必要悪としての娼婦

十二世紀イタリアのグラチアヌスをはじめとする教会法学者によると、娼婦とは、金銭や他の報償をみかえりに多くの男の欲望をみたすため、無差別に、おおっぴらに性関係をもつ女性をさす。教会は、聖書や自然法やローマ法をよりどころに、ためらわず彼女らを断罪する。それは、道徳的にも神学的にも忌まわしく排斥すべきものだと。

しかし、このように原則的にはきびしく禁止しても、実際上は大目に見るというような矛盾した態度を、教会はとらざるをえなかった。社会秩序を混乱させず犯罪や害悪がはびこらないようにするための安全弁として、娼婦の必要性をみとめたのである。

この認識の仕方は、すでにアウグスチヌスにさかのぼる。かれは不完全な世界に必然的に付随する社会的必要悪として、娼婦の存在をみとめたのである。

十三世紀にはトマス・アクィナス、トマス・オヴ・チョバム、ルッカのプトレマイウスら多くの神学者が、アウグスチヌスの理論をより押しすすめ、理想的娼婦の姿を組上《そじよう》にのぼせた。娼婦は社会秩序や霊的秩序をみだすどころか、それを安定させるとかれらは主張する。

公共の福祉のために必要な娼婦。しかし彼女らの法的・社会的地位は低かった。そしてヨーロッパ中に散在していた娼婦を他の女性たちから区別するために、教会は、特別の衣服や標をつけることを考え、都市当局は特定区域への集中隔離（赤線地区の設定）や公認

中世の売春宿

売春宿の設立策をこころみた。売春宿は、都市の役人によって監督され、都市条例によって運営・規制された。

けれども、パリなどの主要都市では娼婦のギルドもあったというから、かならずしも彼女たちの権利がすべて剝奪されていたわけではない。しかも、場合によってはおおきな社会的影響力ももちえた。そしてその社会的影響力に目をつけた都市当局や国王は、自らの利益になるように娼婦をとりこもうとしていったのである。

すなわち、盛期中世には、アウグスチヌス流のやむをえない必要悪として社会のなかで大目に見られていた売春は、たとえばプロヴァンス地方やラングドック地方やルシヨン地方などの地中海世界の諸都市においては、徐々に教会の監視を離れ、都市の真正の社会制度に脱皮していくのである。それ固有の規則・限界・権利が、都市や国王によって課され、あるいは付与される。

この、たんなる社会的な事実から組織化された制度への変貌は、十三世紀末から十四世紀末にかけて公的赤線地区が設置されることで完成する。娼婦はそのなかに住むことを義務づけられるだけでなく、権威づけられるのであり、盛期中世の受動的な寛容から積極的な組織化と規制への変化が見られる。売春宿は、一種の都市におけるビジネスとして、都市当局によってつよい利害関心がもたれたのである。

この都市当局の娼婦問題への介入は、十四世紀末になるとますますさかんになる。そのころになると、いくつかの都市は公認赤線地区における安全と監視体制を不十分と見て、その売春活動を都市所有のひとつの売春宿に限らせることによって、売春統制を強化しようとした。

これらの売春宿は、国王役人および都市役人によって保護され、国王はこれらの宿を監督するだけでなく、まもなくその設立許可の唯一の権威となって、そこからすくなからざる財政的恩恵を得た。

この公認売春は、ラングドックにおいては宗教改革のもりあがる十六世紀半ばまで継続したらしい。そしてラングドックだけではなく、地中海世界には、ひろくこのような都市の娼婦政策が展開していたと考えても大過なかろう。

聖なる娼婦

また、このような制度としての売春の発展とほぼ並行して、娼婦更生のための宗教施設もさかんに設立されたことに注目すべきである。

それは十三世紀から十四世紀にかけて、司教や敬虔な俗人によって建設されたが、都市役人に依存する施設となるものと、教会のもとにとどまるものとがあった。そしてまた、おもしろいことに、十六世紀に都市の制度としての売春が解体するとともに、娼婦の更生施設も衰退するのである。

また中世末（おそくとも十五世紀半ば）には、四旬節を機に娼婦を引退させる義務的慣習ができてきた。こうした改悛娼婦は「マグダラのマリアの館」に引退するよううながされる。が、この年中行事も、それを機に一生そこから足を洗う女性をたくさんもたらしたとは思えない。

合法的で制度化された売春が都市において発展したのは、すでに述べたように、娼婦たちが、キリスト教社会のなかですこし特異な位置を占めていたことによる。たんに娼婦を保護すれば金がもうかるという理由だけから、都市や国王は売春を保護し制度化したのではないのである。

彼女たちは、きわめて罪深いとされながら、「必要悪」として、ユダヤ人や異端者、あるいは、他の犯罪者とは異なったあつかいをうけたのである。

さらに、十一・十二世紀以降、マグダラのマリアの姿とダブった映像を結んだ娼婦たちは、なぜか貴く聖なる後光をはなっているように見えたのである。イノセントに見えたのである。それは、男性の無意識の罪の意識の投影であろうか。

世俗の女性たちの希望

その後、近世の宗教改革の時代になると、ルターもカルヴァンも、カトリックのように性や結婚を呪うことはなくなった。かれらはむしろ結婚を賛美し、結婚は神が人間にあたえた贈物であり、人間にとってごく自然な行為だとした。ルターは性行為にはまだ警戒と不安をしめしたが、カルヴァンのほうは、それを穢れのない神聖な行為だとした。

ところがこのような結婚や性の肯定的な評価は、逆に売春をよりきびしく断罪することにつながった。女性は妻となり母となるべきであって、娼婦になるなどは神のゆるしたまうはずがない。

したがって必要悪として娼婦を容認するアウグスチヌス流の考え方はきびしく批判され、売春宿を廃止するよう、かれらははたらきかけた。しかしこの宗教改革の熱誠が衰えると、売春もまた一気にもりかえしてしまった。

ついで、十八世紀のイギリスでは、生活をたてるあてがなく、やむなく娼婦になる道を選ぶ下層の女性の更生と自活の方途として、洗濯工場やカーペット工場をもうけてそこで働かせるといった案が、幾人かの改革者によって出されたりした。

しかしながら、あいかわらず売春を女性だけの問題と考え、社会の問題や男性の問題とは考えていなかったことが抜本的改革の実現をさまたげていた。現実の娼婦たちの境遇は、娼婦であるかぎり、中世以来、今日にいたるまで改善されるわけもなかった。

しかし娼婦たちでさえ救われるというモデルが十二世紀以降確立したことは、世俗の一般の女性、つまり修道院にもはいれないし、処女を守ることもできないし、高貴な出生と富と美貌を誇ることもできない女性にとっての、せめてもの救いであった。

彼女たちは、俗塵《ぞくじん》にまみれて、多かれ少なかれ罪深い女だが、娼婦ほどではない。娼婦でさえ救われる。したがって彼女たちふつうの女も、志ひとつで、救いへの道を選ぶことができる。そこに救いの可能性はのこされていたのである。

5　異端のなかの女性たち

説教の時代

娼婦とマグダラのマリアとのむすびつきを介して、隠修士が活躍した側面については前節で見てきた。

そのマグダラのマリアとは、すべての世俗の女性の代名詞にほかならない。それゆえ魂の救いを希求する「ふつうの女たち」は、マグダラのマリアを模範として日常生活を送ろうとするか、あるいは、ことさら彼女を模範としないまでも、世俗に足を突っこんだままで贖罪生活を送ることによって、魂の救いにちかづこうとした。

そうした個人的努力の細流が、一本また一本と集まっておおきな流れになったのが十二世紀半ばである。しかし正統教会にはまだその受け皿が十分ととのえられていなかったから、女性たちは必然的に、異端的な宗教運動にまきこまれることが多くなった。

教会の改革運動、一般にその推進者である教皇グレゴリウス七世（在位一〇七三―一〇八五年）の名をとって「グレゴリウス改革」と呼ばれる改革運動の高波に飲みこまれて、隠修士の運動はいったんは収束したかに見えた。しかし、教会が体制を堅持して組織を固めることに努力を傾注しだすや、ふたたび不満分子が澎湃《ほうはい》とあらわれ、教会体制の外に、魂の救いのより確実な方途を求めようとうごめきだす。

教会が独占していた辻や広場での説教の権利を、認可をうけない一般の聖職者や、さらには俗人までもが要求しだして、遍歴説教を始めるのがちょうどこの時代である。まさに説教の時代である。

隠修士からのバトンをうけて、俗人、なかでも女性たちに熱烈な呼びかけをし、そのわだかまる不平不満に共鳴板をみいだしたのは、異端者たちであった。そして、その異端に参加する女性たちこそ、いわば、ヨーロッパ最初の「女性運動」を展開することになるのである。

紀元一〇〇〇年前後の年代記を書いた修道士ラウル・グラベールは、すでに一〇二八年の北イタリアはピエモンテの異端グループに、伯夫人や農婦が加わっていたことを伝えている。これは清貧・貞潔の理想に燃えた運動であった。

ネーデルラントとブルターニュ地方で、それぞれ自らを新しいメシアと称したタンケルムスやステラのエオン、ローマの都市革命を推進しようとしたアルノルド・ダ・ブレッシアら十二世紀前半の異端者にも、男性とともに女性の熱烈な賛美者がつきしたがった。

異端カタリ派の半数が女性

ついで、十二世紀後半からヨーロッパ、とりわけ南フランスと北イタリアに蔓延してローマ゠カトリック教会を震撼《しんかん》させた、中世の二大異端といわれるカタリ派とワルド派。そこにおいて、女性の参加はさらに多数であり、また積極的になる。

東方のグノーシス主義の流れをくむカタリ派は、善悪の神の存在を信じる二元論異端で、独自の教義と儀式を発達させた。ローマ゠カトリック教会を悪魔の教会とよんで対立し、南フランスを席巻した。

一方、ワルド派とは、リヨンの商人ピエール・ヴァルデスが始めたものである。福音書の精神に忠実であろうとするあまり、ローマ゠カトリック教会の組織や秘蹟まで否認するようになって、異端とされた。南フランスのほか、北イタリア、とりわけ山岳部に勢力をひろげた。

まずワルド派においては、すでに初期の十二世紀末から女性の信徒がいて、説教活動や秘蹟執行や祝別までしていたことが年代記などから知られる。

十三世紀初頭には、ブルカルト・フォン・ウルスベルクが、「かれら（ワルド派）に関して恥ずべきことは、男女が一緒に道を歩み、しかもしばしばひとつ屋根の下に夜をすごすことである。そしてときには男女が皆でひとつのベッドに寝ることもあるという。それらすべてを、かれらは使徒たちから教わったのだと主張している」と非難している。

カタリ派に、女性がつよくひかれてそれに入信したことは、近年のカタリ派研究の主要テーマのひとつとなっている。とくに南フランスのラングドック地方のカタリ派において、十二世紀半ばから約一世紀間というカタリ派全盛期に、女性の占める比重がきわめておおきかった。

カタリ派は、カトリックの聖職者に相当する完徳者と、一般信徒に二分される。その双方において、女性の占める割合は半数ちかくにのぼった。彼女らは熱心にその信仰を堅持し、またそれをひろめるのにもおおいに活躍した。

聖職者になった女性たち

カタリ派の女性については、豊富な異端審問記録から、その信仰や活動、人間関係などがかなり詳しく分かっている。

カタリ派は、南フランスの領主に保護されて勢力を拡大した。このため教皇インノケンティウス三世は、一二〇八年に諸侯に呼びかけて、異端とそれを保護するトゥールーズ伯レモン六世やカルカソンヌ、ベジエ、アルビ、リジューの副伯レモン・ロジェ・トランカヴェルにたいして十字軍を組織した。その結果、一二二九年に大量（一五〇〇人から二〇〇〇人）の異端が火刑台にのぼった。

しかし、それでもまだ異端は壊滅せず、地下にもぐって生きのびた。そして、一三二〇年代の迫害まで、男性にまじって女性も果敢にその教えを守りつづけた。カタリ派では、女性も完徳者になって信仰を守り、説教し、指導した。そして、その多くは家族ぐるみでカタリ派になり、また家族・親族が助けあい、つねに連絡をとりあった。カタリ派の伝播における女性の役割は絶大であった。母や祖母や叔母が、幼児の教育者として子供にカタリ派の教えをさずけたからである。記録には、母娘、姉妹、叔母姪などの組みあわせを単位とするグループが頻出し、彼女たちはまとまって迫害を逃れてあちこちさまよっている。

さらに、女性のほうが男性よりもカタリ派の教えに忠実のようである。女性のみがカタリ派に入信して結婚生活が破綻《はたん》するケースが多数あるからだ。また、ある異端審問の記録はかたる。

かれ〔ギレム・オーチエ〕は、審問官に告白した。わたしの父レモン・オーチエと母レモンドは、ともに異端になりました。それからかれらは改心して、聖ドミニクスとヴィルロング修道院長によってカトリックの信仰に復帰させられました。それが今から三〇年前のことです。かれらは「赦免状《しゃめんじょう》」をうけとりました。ところがわたしの母レモンドは、かの醜悪な教えにもどり、ふたたび異端となり、火刑に処されました。

でも、わたしはけっして彼女を〔完徳者として〕崇めませんでしたし、また彼女にもあたえず、送りもしませんでした。

経済的説明

商業が発展し、都市化の進んだ地域、とくにネーデルラントとドイツのライン地方の諸都市では、十三世紀から中世末にかけて、半聖半俗の女性の運動であるベギン会がおおいに栄えている。

彼女らベギンは修道誓願をたてぬまま、修道女のような敬虔な集団生活をおくったのであるが、彼女らの宗教的生活および文化的・社会的活動については、第5章であつかうことにしたい。

後期中世には、ワルド派、カタリ派以外にも、フミリアーティ、アポストリ異端、フラティチェッリ、自由心霊派、ロラード派、フス派など、女性はさかんに異端運動に参加しつづけるのである。

さて、女性はなぜ、かくも多数、自らの意思で宗教運動に身を投じたのであろうか。このヨーロッパ最初の女性運動の原因については、さまざまな解釈が出されている。かつておおきな支持を得た見解は、社会問題としての女性問題こそ、彼女らが宗教運動に身を投じた理由だというものである。

今からさかのぼること一〇〇年前、当時のドイツの緊急課題でもあった女性問題を過去に投影した説明が、ドイツの歴史家によってなされた。すなわち、ベギン会をはじめとする女性の宗教運動は、十三世紀の都市発展にともなう彼女たちの相対的過剰・失業・貧困によるものであるとする説明である。

なにより、結婚できず職にもあぶれてしまった貧しい独身女性（寡婦や娘）が、それらの運動にとびついた。彼女らは、ベギン会や異端の家を給養施設とみなしたというのである。この説では、そうした経済的・社会的原因が主因であり、したがって宗教的側面は付随的なものとみなされた。

カタリ派やワルド派についてもドイツの歴史家は、経済的・社会的説明をしている。十二世紀末以来、小貴族はますます進展する分割相続の犠牲となって危機に瀕していた。かれらには、もう娘にまであたえる土地の余裕がなく、したがって財産のない女性の給養が緊急課題となっていた。そこで生活苦の貴族女性がカタリ派の家に送りこまれた。

下層の女性も、当時発展しつつある織物業その他の手工業に従事していたものの、男性の抑圧の下に過酷な条件の労働を強いられていた。さらに失業中の独身女性や寡婦の生活も不安定きわまりなかった。そこでこのような女性たちは既存の階級関係に対立し、加えて悲惨な状況を理由づける教義をもつカタリ派に逃れたのだ、というのである。

しかしこの種の見解は、今世紀にはいってすぐに猛烈な反発にあう。つまりベギン会については、それに参加したのは、後期にはともかく、その誕生時や最盛期には職人の女性などの都市下層民が主体ではない。貴族やパトリチア（都市貴族）の家系、あるいは富裕な商人の妻や娘といった都市上層部の者が大半を占めていた。それゆえ、ベギン会の起源は、貧しい女性のための給養施設たるところに求めるべきではないというのである。

第三の道としての異端運動

ベギン誕生については、むしろ一二〇〇年前後の女性の「宗教運動」としての性格こそ第一義的であろう。宗教にめざめた膨大な数の女性たちが、シトー会・プレモントレ会などの改革修道院によるうけいれ拒否にあって、あるいはそれらの修道会の霊性とは別種の霊性を追求して、ベギンが自然発生的に成立したのである。

その後の多くの個別的な実証研究においても、ベギンの中核は、下級貴族および都市上層民の家系に属することが明らかになっている。

ベギン以前の女性運動については、社会経済史的なもの以外にどんなモチーフが考えられるであろうか。それも宗教的動機、とくに当時ひろまっていた女性観や女性のイメージへの積極的反応ととらえられるのではなかろうか。

十一世紀半ばから十二世紀初頭の隠修士につきしたがった女性たちは、自らの模範をマグダラのマリアに求め、つよく罪を意識していた。

マグダラのマリアというのは、娼婦としても隠修女としても、結婚せず子を孕まないことを運命づけられた女性であった。だから、彼女を宗教生活の模範とした女性たちは、初期中世の修道女のように処女性を問題にするのではなく、むしろもうひとつの女性性の特質である妻や母たる境涯からも、遠く離れることで救いを得ようとするのである。

カタリ派やワルド派に入信した女性たちのモチーフについても、最近の研究者は、経済的・社会的要因におおきな比重をおくのをためらっている。むしろ、カタリ派独自の神話の、女性にたいする魅力をあげている。

それにもとづけば、肉体には性はあるが死んだあとの魂に性はなく、いわば無性となる。そして無性となった女性の魂はまったく男性と平等な条件で救いを確保できる。そしてその元女性の魂が復活するときは男性の肉体をまとうことになる、という。

これは、あいかわらず男性の価値観に立脚しているとはいえ、きわめてつよい女性差別のはびこっていたカトリック教会にくらべて魅力的ではないか。

またワルド派においても、カタリ派とは別の筋道をたどりながら、おなじ結論に達している。それが女性を引きつけたのではないだろうか。知られているようにワルド派は福音主義を奉じ、新約聖書の章句に固執した。そこから神の恩寵と救済の計画において、男女は完全に霊的な平等を享受すると唱えたのである。

また女性にも男性と異ならない説教権をワルド派は認めたが、それも聖書、「テトスへの書簡」二章（若い女をさとす年老いた女）や「ルカ伝」二章（女預言者アンナ）などのかれら独自の解釈に依拠していた。

結局、中世の異端運動をはじめとする宗教運動に身を投じた女性たちは、たんに社会的・経済的な不平不満からそのような行動をとったのではない。なによりも霊的な救いの希求が彼女らの動機になっていたのである。

マリアかイヴか、聖女か魔女か、こうした二者択一の女性観を貼りつけられているかぎり救いのない彼女らは、カトリックとは別の救いの道を教える異端運動にすすんで入信していったのである。しかし、それは既存の女性観への否定的反応であり、新たな女性の評価ではないところに限界があったということを、つけ加えておこう。

第4章 したたかな女たち

操を守って男の首をとった女

1　教会法と世俗の法

ごくふつうの女性たちは……

さて、これまでの三つの章では、ほとんどもっぱら宗教的なコンテクストでの女性について語ってきた。とりわけ魔女と聖女という特異な女性類型をとりあげながら、彼女らを生みだした女性観について思いをめぐらしたわけである。

これからの二章では、それらの女性観から考えれば、抑圧され、宗教的な救いがきわめて困難であったと想像される、世俗のごくふつうの女性に焦点をあてる。

まず本章では、女性は現実には、かの女性観から想像されるほど、男性にくらべてひどい条件におかれていたのか。女性が活躍する場所はあったのか。世俗女性の立場に、上で見た女性観はどのような作用をおよぼしているのか、これらを考えてみたい。

女性にもおおきな権利

女性が、日々、生活を送っていく。家庭での生活にせよ、仕事や公の行為にせよ、どうしてもその外には出られない範囲がある。それを定めたのが法律である。女性たちの世渡りの可能性をさぐるためにも、まず彼女たちをとりかこんでいた法の網の目について観察してみなくてはならない。

世俗の法から観察してみよう。すなわち部族法であり、各地方の慣習法であり、都市の条例であり、国王の王令である。

元来ゲルマン法では、女性は男性にくらべ冷遇されていた。女性には法的な行為能力がなく、財産を管理したり、法廷に立ったりできなかった。女性が遺産相続できるのも男の兄弟がいないときだけであった。

しかし、フランク王国時代に、ローマ法の男女平等の相続の考えが入ってくると、女性も遺産を相続し、自分の財産をもち、自由に処分できるようになった。

時代がすすんでも、慣習法では、女性におおきな権利がみとめられていた。とくに南フランスではそうであった。十二―十三世紀に、南フランスのラングドック地方でまとめられた慣習法を見てみよう。

それによると、女性たちは、公的な場では男におおきく劣った権利しか享受せず、公職にもつけなかったが、私法では独立した権利主体であった。娘は、父が死ぬと、兄弟とおなじだけ財産を相続できた。ただし、彼女が結婚していればその権利はない。が、そのかわり、結婚時の嫁資はそのまま彼女のものであった。

父から相続した財産・土地は、彼女が相続時に成人（一二歳）に達していれば、男子同様、その所有権をもつ。また、そうなれば遺言によってそれを自由に処分できる。さらに彼女は商売をしたり、売買・貸借や契約することもできるし、保証人になり、出廷し訴追され、債権者として債務者を身柄拘束することなども可能となる。

南フランスでは、北と異なり、封建関係における長子相続慣行がほとんど知られなかった。したがって領主の死後、封土は、女もふくめたすべての子供のあいだに分割され、共同領主となることが多かったのである。

北フランスでも、南ほどではないが、女性にある程度の権利（財産譲渡やその同意）があたえられていた。成人した女性は、結婚するまで男子同様、自ら訴訟を起こしたり契約をかわしたりできた。また結婚しても、夫のいるあいだはその同意なく契約・遺言・証言・取引といった法行為ができなかったが、寡婦となれば、ふたたび男性と同一の権利を手にいれられた。

近代のほうが権利がなかった

中世には、都市でも女性は政治に参加したり、役人になったりすることはできなかったものの、かなりの権利をもっていた。彼女はギルドや信心会に所属したし、両親や夫の遺産を相続し、自分の財産をもち、金を貸し借りしたり契約を交わしたり、誓いをたてたり、訴訟を起こしたりできた。

ただし、それは、女性が「家」に属しているかぎりであった。女性は結婚してこそ、市

法廷で訴訟をおこす女性

民として都市の保護をうける。なぜなら、中世の都市は、もともと家ないし家族の連合体であったからである。家は徴税の単位であり、また都市防衛のための武力供出の単位でもあった。

都市のそれぞれの家は、市民として誓いをたて平等な権利義務をもつ、男の家長に支配されるとともに保護されている。また、その市民=家長に支配される家のメンバーたる妻や子供も、ひろい意味での市民権に加わることができた。

したがって、女性でもそのような家に属せば、「市民」と呼ばれてさまざまな権利を享受し、彼女らが家長になればその参加は完全になる。

しかし、この女性の権利は、のちに失われることになった。後期中世の都市で、一種の「民主革命」が起こって、家ではなく「個人」が都市の単位となったからである。そういうところでは、それまで権利をもっていなかった下層の男性にもそれがあたえられるようになった反面、女性の権利はそこなわれていったのである。

2人の娘への財産譲渡

結婚生活における女の立場は、中世末以降、一段と悪化し、かつて女性にあたえられていた財産の所有権は次第に骨抜きにされ、すべて夫に奪われてゆく。十六世紀には妻は法的に無能力化し、法廷で証言したり契約書を交わすこともできなくなってしまった。
中世末から近代にかけて、女性の権利は、我々の想像とは逆に、縮小・消滅していったのである。このことは、盛期中世以前に女性がもっていた権利のおおきさ、多面性とともに、現代人の常識をくつがえすものであろう。
絶対王政期には、家父長権が絶対化し、それをコントロールすることで王国の秩序をきずいていこうとした。それゆえ男性の権利・権力の伸張に反比例して、女性の権利は縮小していったのである。

こうして、女性は永遠の未成年であり、法的に無能力かつ無責任だとされるにいたる。それにもかかわらず、頑迷で悪辣な魔女には、十全な責任が課されたし、また魔女を告発する場合には、女性の証言はいつでも有効であった。魔女の妖術は、それほど特別な犯罪であった。

教会法は二つの基準

つぎに、教会法を見てみよう。中世では教会が絶大な権力と権威をもっていたから、教会法は世俗の法律にまさるともおとらない重要性を備えていた。そして教会法は、しばしば世俗の法律に対立した。女性の権利に関してもそうである。

教会法は、キリスト教の根本義にてらして、女性は人格、キリストによる贖罪、聖性の三点において男性と平等であるという。これはまさに福音書の精神にもとづくものである。イエスも使徒も、福音書では完全な平等を呼びかけているから。

教会法は、このように男女の根本的平等を述べるが、それに矛盾するようなことも多く規定している。つまり前章の女性観で述べたかの不平等説を、教会法学者も神学者らと共有しているのである。

十二世紀の代表的な教会法学者で、『教令集』の編者であるグラチアヌスは、女性は道

修道女であっても祭壇にはちかづけなかった

徳的欠陥があるから劣った不完全な性だとして、理性的な男性に従属させている。また、十四世紀初めの教会法学者、グィド・ダ・バイシオもそうである。後者は、その『教令のロザリオ』で、ただ男のみが教会の完全メンバーだと断言する。したがって女性には叙品の権能はないという。

結局、教会法には、二つの基準があるのである。目に見えない霊的教会では、男女は平等であるが、地上の可視的な教会では、不平等もやむをえぬとしたのである。

したがって、教会法の規定上、女性は聖職につくことができなかった。また、聖務執行中に祭壇にちかづくことができず、聖なる器や布にもさわれない。これは、修道女であってもそうである。

処女、寡婦、そして妻

さて、教会法は、女性の生のありかたを三つに区別する。すなわち、①聖なる処女、②結婚している者（妻）、そして③寡婦、この三つである。

この三者は、法的に区別されて、また階層化している。一番高い位置にあるのが、神に一生身をささげた聖なる処女である。これについては、第2章第1節で解説したのでくり返さない。

二番目に救いにちかいのが、寡婦である。寡婦のなかにも三つの区別がある。ひとつは再婚する者、つぎに貞潔の誓いをたてた寡婦、そして最後に再婚しないが、べつに誓いをたてるわけでもないただの寡婦である。

再婚は、教会法的につねに合法であったが、それは貞潔に反しているということであまりよい目でみられず、ときに償いの業を課されたり、再婚時に婚姻の祝福をあたえられなかったりという制裁をくだされた。

再婚をあきらめ、典礼儀式にのっとって貞潔の誓いをした寡婦は、霊的に特別の高い地位を手にした。他方、ただの寡婦は哀れな人間として教会の保護をうけた。

最後に妻について見てみよう。教会法によると、結婚生活においては男女平等である。

義務も権利も別れる原因も平等で、十二世紀半ばからは、娘は父の同意なく結婚できた。それにもかかわらず、結婚している女性は、教会法によると、処女や寡婦よりいっそう劣った地位を救済史のなかに占めている。したがって、一般の女性は、世俗の法に比べて教会法ではずっと低い地位しかあたえられていなかったといえるだろう。

2 女性の仕事

家畜の世話は女の仕事

中世には、男女の仕事は分業すべきものとされていた。それでは、女性の仕事とは何であったのであろうか。

まず、女性は主婦として、毎日、かまどの火の手入れ、土間の掃除をし、また家に井戸のない場合には公共の水くみ場に水をくみにいく。食事の準備も彼女たちの役割で、さらに家族の健康と衛生に気づかうのも女性の職分であった。食餌療法や膏薬《こうやく》、煎《せん》じ薬などの知識は、母から娘へ、また近隣の女性たちのあいだで伝えられていった。

次章の「糸巻き棒の福音書」で述べるように、女性たちは「女の部屋」――王侯貴族の女性ならその屋敷の一室、また庶民ならだれかの家に集まって――で、縫い物や編み物をしながらさまざまな情報を交換しあった。この針仕事、糸紡《つむ》ぎ、機織《はたお》りは、古代・中世にとどまらず、近世においても女性のもっとも主要な仕事と考えられていた。

さらに興味ぶかいのは、農村では家畜の世話が女性の役割であったことである。彼女らは、羊や牛の世話をし、草をはませ、乳をしぼった。十三世紀の「教訓逸話」編者ジャック・ド・ヴィトリは、つぎのような興味ぶかい話を物語っている。

ある老女が、しぼった牛乳を土製の壺にいれて市場に運んでいった。途中で、彼女は白昼夢を見た。ミルクを売った三枚の小さな貨幣で、彼女はひよこを買って、それを雌鳥《めんどり》に育てるだろう。その卵から彼女は多くのひよこを得て、それらを売ることによって一匹の豚を買うだろう。豚を太らせたら売って、その代価で小馬を買うであろう。それはやがて大人の馬になろう。彼女は物思いにふけりながら、馬にまたがって牧草地に連れていくところを想像し、「ヨウ！　ヨウ！」と叫んで拍車をかける足の動作をした。しかし、その足の動作は彼女をつまずかせ、ミルクは地面にこぼれ、ますます彼女は貧乏になってしまった。

ギルドの正式メンバーになれない

さて、以上の針仕事や動物の世話などが、家事とならんで女性のおもだった仕事であったといえるとしても、家外では女性は、仕事に関して公的な権利を享受できたのか。それともそれは、私的な場面にかぎられ、男性の手助けにとどまったのであろうか。

この問題を考えるのに、もっともてっとり早いのは、女性の職人たちがどんな権利を有していたか、彼女らが都市において男性と同じような職業的立場にたちえたかどうか、を調べることである。

都市で、商業革命とともに十二世紀以降発達した同職組合を、ギルドという。それは専門をおなじくする熟練者の、法的な認可を得た集まりである。ギルドは賃金や価格を統制したり、通商方法や製品の質を規制したりして、自分たちの職業活動を守るのが主な役割であった。

しかしそれは、たんに経済的な相互援助組織ではなく、社会的・宗教的な相互扶助をも目的としていた。ギルドに所属することは、また都政参加への不可欠の条件でもあったのである。ギルドの正式メンバーは親方のみであったので、職人や徒弟には十全な参政権がなく、中世の末には、不満がつのって反乱を起こすこともあった。

女性もギルドに参加すれば、経済的・社会的・霊的恩恵をうけることができた。だから多くの女性がギルドに参加し、あるいは、新たにギルドをつくろうと努力したことはあきらかである。その努力は、はたして、実をむすんだであろうか。

全般的な模様を見れば、ギルドの世界は男性によって支配され、女性は正式メンバーにはなれなかった。彼女たちの労働が熟練労働とみなされることは、なかなかなかったからである。

女性は、徒弟修業を終えても独立の職人にはなれなかった。ただ、結婚して親方の妻になれば、夫とともに同様な仕事をするだけでなく、夫の属するギルドに「婦人会」会員としてメンバーシップを得ることができた。しかし彼女の身分は、親方よりは一ランク下で、ギルド員の制服を着ることができず、またすべての社会的・宗教的行事に参加できるわけでもなかった。夫の死後は、一定の制限の下、その身分と職務をひきつぐこともあった。

女性支配のギルド

しかし例外はある、しかも重要な例外が。フランスやドイツのいくつかの都市、とりわけ、フランスのルーアンとパリ、またドイツのケルンなどに、女性によって支配されたギルドが存在したのである。

ルーアンでは、女性支配のギルドが少なくとも五つあった。すべて織物業にかかわり、とりわけ豪華な品目、つまりリンネル製品をあつかった。そしてそのギルドメンバーのある者は、ギルドの役員として、いくらかの政治権力を担っていた。

また、十三世紀末のパリでは、一〇〇あまりのギルドの大半に女性の働き手がいたし、そのうち七つが、もっぱら女性だけのギルドか、あるいは女性主体のギルドであったという。

これらのギルドは、手芸や豪華な織物に関するものであった。より具体的には、絹紡績、絹のリボン編み、絹や金糸や真珠で飾られた上等な被《かぶ》り物や財布の生産などであった。彼女らが、夫や息子と関係なく、独立した地位権利を享受していたことは注目に価する。ギルドに男女のメンバーがいるとき（たとえば刺繡《ししゅう》業ギルドは、八一人の女と一一人の男からなっていた）でも、そのなかに夫婦や父娘といった関係をもつ者たちがいることはほとんどなかった。むしろ母娘や姉妹が、ともにおなじ仕事をしているケースが目立っている。

中世末のケルンでは、三つのギルドが女性ギルドであったことが知られている。つまり、絹織物業、亜麻糸仕上げ業、金糸紡績業である。また、ドイツの多くの都市では、被服・奢侈《しゃし》品関係のギルドで、女性が男性と対等の権利をもつ組員となることができた。

結局、女性主体のギルドがあつかうものは、どこでも奢侈品目と織物にかぎられている。そして、これらの女性ギルドでさえ、男性の権力構造に従属していた。ギルドの行政管理は男性にまかされ、また、彼女らは市政にかかわることができなかったのである。

それでも彼女たちは、無視できない経済力をもち、ギルドの秘密をコントロールし、徒弟を訓練し、価格と品質を決め、職人を雇った。彼女らは男性のギルドよりも一層多くの制限に苦しんだが、それでも実際的な力はもっていたのである。

すべての職種に進出

都市の女性は、きわめて多くの仕事にたずさわっていたようである。たとえばパリの場合、一二九二年の調査では一七二の職種に、一三一三年の調査では一三〇の職種にたずさわっている。そして、主要な経済分野すべてに顔を出している。

さまざまな針仕事・織物業関係の職種以外に、両替商、貨幣鋳造《ちゅうぞう》業者、写字生、ミルク売り、スープ作り、油売り、ビール醸造《じょうぞう》人、チーズ売り、ワイン商、フライ料理人、召使い、奇術師、石工、靴屋、踊り子、食品や衣類の行商、洗濯屋、薬剤師、ローソク作り、酒屋経営、粉屋、鍛冶《かじ》屋、楯作りなどなど。女性にできない仕事はないかのようである。ヨーロッパ全体で見ると、織物業関係以外に、パン屋、肉屋、魚屋、油屋、ビール醸造業、園芸業などが、女性進出の著しい職種であった。

仕立屋で働く女たち。針仕事は「女性の仕事」であった

しかしながら、十一―十三世紀にまがりなりにも発展した女性の職業参加は、一三四八年の黒死病《ペスト》以前にすでに制限されはじめる。パリでの調査では、一二九二年より一三一三年時点のほうが、女性の経済に占める役割が小さくなっていることがわ

かる。

イタリアでも、十四・十五世紀に中北部の各都市で「国勢調査」がなされたから、そこから成人の職業を知ることができる。その調査から明らかになるのは、女性が食糧を売ったり、糸紡ぎをしたり、パンを売ったり、宿屋や酒場の女将となったり、さらに絹やリンネルや綿生産でもかなりの働きをしたという、その程度である。ここからも、後期中世には女性の職業選択の幅が小さくなっていることがうかがわれる。

しかし、地域によっては、中世末の飢饉、疾病による労働力不足が女性に好結果をもたらし、男にかわって親方の地位を手に入れる女性もふえたようである。

十四世紀フィレンツェの人文主義者フランチェスコ・ダ・バルベリーノは、その著『女性の態度と習慣』において、女性の職業につきものの危険を語っている。床屋、パン屋、八百屋、鳥・卵屋、チーズ屋、乞食、コック、宿屋の女将、織物業、呪術師などをあげ、そこで見られる罪は、客をだますことである。だから親方や家の主として女性は不適当であり、賃労働させるにとどめるべきだという。

当時は男性の家父長制的権力構造が、労働世界にも浸透していった時代である。だから、独立の女性ギルドの創設とは、夫やギルドの親方や都市当局者といった男性の、権威をおびやかすものととらえられたのである。

十七・十八世紀になると、都市での女子労働力の大半は、織物業か、貴族・商人の家の召使いとして費やされる。とりわけ女召使い人口は膨大であり、都市人口の約一二パーセントを占めたといわれている。彼女らの大半は近隣の農村出身の娘であり、掃除、洗濯、調理など、家事全般をこなした。

3 権力をにぎった女たち

司教の嘆き

すでに見たように、中世では女性も土地を所有できた。それならば当然、彼女らは領主として土地とそこに住む住民を支配し、かれらのうえに裁治権をふるうことができたであろう。そしてその支配領域が広大な場合は、おおきな権力となったであろう。

中世・近世における女性と権力の問題について、若干考えてみよう。

初期中世には、多方面でおおきな権力をふるった女性が、かなりいたようである。初期中世の聖女伝からは、貴族の女性がおおきな権力をもっていたことがうかがわれる。『フランク人の歴史』でメロヴィング朝期のフランク王国の歴史を描いたトゥールのグレゴリウスは、幾人もの男まさりの女性について記している。

すなわち、司教を任命し、和議をむすび、教会へ土地財産を寄進する王妃。王の御前でおこなわれる裁判で抗弁する女。あるいは司教の妻として活躍する女性や、司教を非難する修道女たちについて述べ、当時の女性の重要な役割の証言となっている。八九五年ナントで開催された公会議では、つぎのような嘆きが聞かれた。

幾人かの女性たちが、天と自然の法に反して、まったくの無思慮をもって公的な取り引きをし、政治集会に情熱さえ燃やしているのは、驚くべきことである。彼女たちは、王国の問題をまとめるどころか混乱させる。女が男と議論することを許すのは、蛮族においてさえ、つつしみなく非難されるべきことである。婢《はしため》と機織りや裁縫《さいほう》について議論すべき女たちは、あたかも裁判所への参加の権利があるかのように振る舞って、政治集会における議員の権威を簒奪《さんだつ》すべきではない。

また、十世紀ザクセン地方の女子修道院の聖女の伝記からは、女性、とくに諸侯の妻が夫の死後、夫にかわってその支配領域に裁治権をもち、法を制定し、財政問題に関与し、軍隊を徴集し、統治の責任者となったことが知られる。

南フランスのラングドック地方でも、十・十一世紀に、女も男同様の権力をふるうようになる。彼女らも、軍事的指導者となり、裁判官となり、城主となり、所領の支配者となった。また教会におおきな権力をふるうものも多数輩出した。

カノッサ女伯マチルダ

盛期中世以降は、おおきな権力をふるう女性の数はへる。それは、社会の諸構造が、聖界でも俗界でも、安定・構造化したからである。

教会がますます強要するようになった、神聖な一夫一婦制の理想は、離婚や一夫多妻を厳しく制裁した。それはまた、結婚と内縁関係を峻別《しゅんべつ》することによって、女性が結婚や性を「利用」して権力を獲得する道をもふさいでしまった。

カノッサの女伯マチルダ

女性は家に閉じこめられ、それまで女性がひきうけていた積極的役割が否定され、彼女たちは周縁化されてゆく。しかし、それでも少数の女性は、絶大な権力をにぎったことをいいわすれてはなるまい。

たとえばカノッサ女伯マチルダ。彼女は一〇四六年に生まれた。一〇五二年、父が死去し、莫大な土地財産をのこした。二人の兄弟を失って唯一の遺産相続人となった彼女は、夫をも早く亡くし、独力でのこされた土地を守った。

エレアノール・ダキテーヌ

そして家産維持とともに、いやそれ以上に教皇を守護することに全力をそそいだ。彼女は、よく知られているように、一〇七七年、破門された皇帝ハインリヒ四世を教皇グレゴリウス七世にとりなして、その破門をとかせるという快挙をはたしている。

その後、学識豊かな彼女の宮廷には、いたるところから、彼女に会いに騎士たちが集まった。皇帝ハインリヒは、恩知らずにも一〇八二年にこの勇猛の女伯から譲歩を引きだそうとして、イタリアのトスカナ地方に侵入するが、マチルダはなんとかもちこたえる。

さらに四六歳にもなって弱冠一七歳のバイエルン公ヴェルフと結婚して、反皇帝同盟をより堅固にするのである。カノッサ城の麓《ふもと》で、彼女はいったんハインリヒに財産を奪われるが、反撃して徹底的に敵軍を壊滅させる。そして、城をひとつずつ回復していった。

もう一人の傑出した女性、エレアノール・ダキテーヌ。フランスの王妃となったのち離婚し、ついでイングランドの王妃となったという類例のない人生を送った人物である。彼女は、ポワチエ伯にしてアキテーヌ公ギョーム九世の孫として一一二二年ごろ生まれ、その土地を相続した。フランス王の直轄領よりも広大な土地の支配者となったわけである。

彼女は一一三七年、ルイ七世に嫁いだが、政治家としての夫の無能に愛想をつかした。そこで彼女は一一五二年に血縁の近さを理由に離婚したが、なんと二カ月後にはプランタジネット家のヘンリーと結婚している。そして一一五四年にヘンリーが王位に着くと王妃になり、八人の子をもうけた。

宮廷はあちこちに移動したが、なかでもアンジェやポワチエでは王と王妃がパトロンとなって詩人や宮廷人がつどい、華やかで輝かしい宮廷生活がくりひろげられた。

彼女が権力をにぎり、政治活動にめざめるのは、夫のヘンリーが一一八九年に死んでからである。息子リチャードを戴冠させ、かれとともにアンジュー王国をおさめ、計量・貨幣改革を断行し、息子たちの政略結婚を御膳立した。

とくにリチャードが第三回十字軍で捕虜になったときは、ほとんど一人でその広大な王国をおさめ、教皇・王侯と交渉して叛徒から守りぬいたのである。

ルネサンス時代には、女性の権利は一層縮小したが、一握りの女傑が強大な権力を行使したことはよく知られている。フランス王妃カトリーヌ・ド・メディシスや、教皇アレクサンデル六世の娘ルクレツィア・ボルジアを、思い起こしてみればよい。

女子修道院長の権力

それでは、宗教世界には、このようにおおきな権力をふるう女性はいたのであろうか。教会は世俗社会以上に男性支配の世界であったが、そのなかでは女子修道院長が、ときに非常な権力をもつことがあった。

たしかに彼女は、女性であるかぎり聖職にはつけなかったが、それでも付属教会内での裁治権をもっていた。管轄下の聖職者を司祭に任命したり、礼拝堂付き司祭や、司教座聖堂参事会員に任命したりしたし、さらにその職（禄）を奪ったりもした。

また、彼女は公会議に出席したり、司教区教会会議を召集したり、（二重修道院の場合）傘下の男子修道院を管理したりすることがあり、まさに男の修道院長、いや司教に比肩する権力をもっていた。

とくに著名なのは、南イタリアのシトー会のコンヴェルサーノ修道院の女子修道院長や、フランスのメーヌ＝エ＝ロワール県のフォントヴロー修道院長などである。

初期中世においては、女性の聖性は強大な権力とむすびつきえた。そのことは、これらの女子修道院長の多くが、聖女とされたことから裏付けられる。ザクセンのオットー朝（九一八—一〇二四年）の王妃たちも、権力行使をキリスト教の美徳と融和させることで、聖女となっている。

4 女たちの十字軍

みつからない貞操帯

一〇七四年、ビザンツ皇帝は、イスラム教徒に蹂躙《じゅうりん》され危機におちいっている自国の惨状をローマ教皇に伝え、援軍を要請した。二十年以上の沈黙のあと、一〇九五年、フランスのオーヴェルニュ地方クレルモンで、教皇ウルバヌス二世は、聖地回復のために十字軍を起こすことを高々と提唱した。

早くも翌年には、第一回十字軍が、ゴドフロワ・ド・ブイヨンやその弟ボドワン、フランドル伯ロベール、サン＝ジル伯レイモンらの諸侯に率いられて聖地にむかった。小アジアにエデッサ伯領、アンチオキア公領を樹立し、ついに一〇九九年には、念願の聖地を占領、エルサレム王国を建てた。

以後、一二七〇年にフランス国王ルイ九世が北アフリカのチュニスを攻撃した第八回十字軍まで、十字軍が間欠的におこなわれた。しかし結局、成功したのは最初の十字軍のみで、あとはことごとく苦汁をなめさせられた。

教皇ウルバヌス二世の提唱は、群衆を前にして、全キリスト教徒にむけて発せられたものである。それは、たんに諸侯だけにむけられたものではなかった。それゆえ十字軍に参加したのは、諸侯や騎士らにかぎられなかった。

いわゆる「民衆十字軍」はよく知られている。これは正規の第一回十字軍に先立ち、聖地回復の意気に燃える農民たちが、隠者ピエールに率いられて東方に旅立ったものである。

騎士にせよ農民にせよ、かれらは妻を故郷において、城や農地の管理をまかせて旅立った。気丈な女たちは、夫にかわって、領主や家長の役目をけんめいに果たしながら、いつになるとも知れない夫の帰還をまった。さらに、貞操帯《ていそうたい》を装着して、他の男に誘惑されないようにした。この種の俗説が、十字軍兵士の妻たちについて、まことしやかに伝えられている。

　だが、このような見解は、大半は近代人の思いこみに発していることが、しだいに明らかになりつつある。夫の帰還をまつ妻につけられた貞操帯など、これまでどこにもみつかっていない。

　それどころか、妻が夫の帰還をけなげに待っているというイメージすら、正確ではないようなのである。軍事遠征である十字軍に女は足手まといで、士気を阻喪させ、軍規も乱れるというのは、近代人の考えなのだろう。

　じつは、十字軍には、夫婦同伴で旅立つのが通常の事態であったようである。教皇ウルバヌスは、男女あわせた全キリスト教徒に十字軍を訴えかけたのであるし、また、十字軍とは軍事遠征である以上に、長い伝統のうえにたつ集団的な聖地巡礼であったのだから、女性が参加してもなんの不思議もない。十字軍兵士をなぐさめる娼婦だけが、かれらにしたがったのではない。

　また、苦しい旅路と殉教の危険をともなう戦闘によって、聖性にちかづこうというのは、男のみでなく女の願いでもあったのである。

十字軍は夫婦同伴

　実際、ビザンツ皇帝アレクシスの娘、アンナ・コムネナは、西方から陸続とやってくる西洋人をあきれ顔に見ながら、つぎのように叙述する。

そのころ、思い出すかぎり、いまだかつて見たこともないような男と女の運動が起こった。もっとも粗野な連中が、聖墳墓を崇め、聖地を訪れたいという願望に実際にかりたてられたのである。これらの人びとは、かくもおおいなる熱意と高揚にみたされていたので、道という道は、かれらでおおいつくされていた。ケルト（ビザンツ人は、ラテン世界の人をこう呼んだ）の兵士らは、浜の真砂や天の星の数よりもたくさんの、おびただしい丸腰の群衆につきしたがわれ、かれらはみな、肩に、シュロの葉と赤い十字架をぬいつけている……かれらは、故郷を後にした男、女、そして子供たちであった。それに、ケルト民族は、きわめて熱情的で激しやすい。いったんかれらが精神的高揚をむかえると、なにもその高揚を押しとめることができない。

これは、第一回十字軍についての記述である。

これまであまり注目されることがなかったが、十字軍をえがいた大半の「年代記」が、騎士が旅立つと同時に、その妻も旅に出ると述べる。聖ルイのかたわらには妻のマルグリット・ド・プロヴァンスがいたし、シャルル・ダンジューは、（マルグリットの）妹ベアトリスをともなっていた。

まだほかにも夫婦の出立光景はえがかれる。レイモン・ド・サン゠ジルと妻エルヴィル・ダグラゴン、ボドワン・ド・ブローニュと妻ゴドヴェール・ド・テスニーら。つまり、近代的常識とは裏腹に、夫は妻ともども聖地に旅立つのが普通の事態だったのである。

古代に発祥する聖地巡礼は、十一世紀に大展開した。十字軍以前から、老若男女をとわず大群が、イエスの思い出を胸に聖地を訪れていた。十字軍はその伝統のうえになりたち、その途次でも巡礼とおなじく、祈り、徹夜し、貧者に喜捨したのである。

もうひとつ、十字軍に出かける者には、もう一生帰らないかもしれないという決死の覚悟があった。だから、妻や家族をともなって出発するほうがふつうなのは当然であろう。十字軍年代記には、家族ぐるみで、家財道具を荷車にのせて出発し、ゆきつく町ごとに「ここがエルサレムかね」と問うような素朴な人びとの存在も記述されている。

だから、領地経営や防衛を妻にまかせるしか手立てがないときには、夫はひとり旅だつこともあったけれど、原則として男女一緒であった。

剣をとった女兵士

それでは、女たちは、巡礼者としてはともかく、十字軍兵士としてはなにをしたのか。男たちの足手まといにならずに、なにか積極的役割をはたしたのであろうか。

かなりの数の女性は自ら鎖かたびらを着、兜をかぶり、剣をあやつった。たとえばシチリア島のノルマン人たちの妻がそうであり、そのほか、オーストリアの辺境伯夫人イダも自ら武器をとり、一一〇一年、バイエルン公ヴォルフとともにパレスチナに旅立った。

そのほかにも、勇敢に戦い、剣をふるい、矢をはなち、弩《いしゆみ》を敵にむけた貴族の女は数多い。しかし、大半の女性は戦士というより援助者であり、水をくんできたり病人を看病したりした。

もっとも雄弁な証言は、『第一回十字軍記』を書いた逸名氏のものである。それによると、十字軍士は、ビザンツを去って小アジアにいたりニケーアを占領した後、聖地につき進んで、一〇九七年七月一日、はじめてトルコ軍とあいまみえた。そこでの女性の活躍が活写される。

それは、ドリレウムでの戦いである。「わが女性たちは、その日、われらが戦士たちに飲み水を運んできたり、また、たえず戦闘や防御の夫たちを声援しながら、非常な助力をしてくれたのであった」と、その勇敢さと機転がほめたたえられる。

この戦いは非常に困難なものであったが、どうにか勝利をおさめた。その勝利は、戦士たちの果敢な活躍によるとともに、そのかたわらで輜重隊《しちょう》として、駄獣、家畜、荷車、軍需品、食糧とともにいる、丸腰の「歩兵」の働きに負うところがおおきかった。そしてそのなかに多くの女たちがいて、男たちにまさるとも劣らない働きをしたのである。

この女性の活躍は、第一回十字軍のみでなく、十字軍のたびにつづけられた。

自ら武器をとり、砦を攻める女たち

また、そもそも十字軍は、遠征の成功や失敗で終わってしまったのではない。それは、継続的なくわだてであった。というのも、十字軍兵士たちはパレスチナに定着し、国をたて、住みついたのであるから。国を存続させるためには、家族で住みつくことが必要であり、女性が不可欠である。

最初の王国、エルサレム王国は、一〇九九年七月十五日に樹立された。そして一〇〇年間つづくことになる。パレスチナではさらに一〇〇年、キプロスでは二〇〇年、女性たちによって西洋人の血統は存続したのである。

もちろん現地人（シリア人やアルメニア人）の妻をもらうものもあったが、最初は同伴者として連れてきた妻とその地に定住した十字軍兵士が多かった。そのことも忘れてはならない。

このような十字軍における女性の活躍は、前節で女性の仕事や女性のふるう権力について見たこととあわせて、男の陰にかくれた受け身一方の女性、という中世の女性についてのイメージに変更を迫るものである。

5　中世の自由恋愛

男性優位の愛

中世に自由な恋愛は存在したのか。むろん存在したであろう。では、それはどんなかたちのものなのか。そして、とりわけ女性にとって、どんな意味のあるものであったのか。当時の史料はなかなか語ってくれることはない。

今日われわれの目にふれる史料からは、初期中世の愛の形態が、徹底的に男性優位のものであったことがうかがわれる。女性はたくましい勇者を愛し、その栄光を自己の栄光とし、かれに自分のすべてをあたえることのみ目的として、生きていたかのようである。

それは、カール大帝の七七八年のスペイン遠征を素材にした武勲詩『ロランの歌』（十一世紀末）で、ロランの死をきいて息たえる乙女オードの姿に象徴的である。

ここに麗しき乙女オード馳せ寄り、
王に尋ねて、「御大将ロラン様はいずこぞ、
わたくしを妻にと御誓いなされましたるに」
シャルルこれを聞き給い、御心重く、御悩の深ければ、
不覚の涙せきあえず、白き髯を掻きむしり、
「わが妹よ、愛し子よ、そちは亡き人の消息を尋ぬるなり。
替には、一段と優れたる者を取らすべし。
ルイのことなるが、これにまさる者はあらじ、と覚えたり。
わが嗣子なれば、やがて国を治むべし」
オード応えて、「異なことを承わりまする。
ロラン様の亡き後に生き永らえるなど、
神を始め、聖者も天使も許し給うことなかれ」
生色失い、シャルルマーニュが足下にくずおれて、
忽《たちま》ちに儚《はかな》くなりぬ。願くは神、姫の霊《みたま》を憐み給え。
フランスの諸将みな涙せきあえず、乙女を悼《いた》みて泣きにけり。
(神沢栄三訳)

愛は十二世紀の発明

それでは、酷薄な生き残りと戦闘にあけくれた初期中世をすぎて、技術革新の結果として農業生産力が向上し、多少とも生活に余裕ができ、文明化のすすんだ盛期中世では、愛の姿はどんなものだっただろうか。

「愛は十二世紀の発明」だといわれる。この時期には、洗練された高貴で情熱的な恋愛が称揚され、さかんに詩歌に歌われた。

十二世紀の愛の代表的な形態は、トルバドゥールの歌う「宮廷風恋愛」である。それは、肉体的結合を排除するものではないが、それだけが目標ではない。男たちは、ちかづきがたい貴婦人に苦悩のなかで接近して、悦《よろこ》びによみがえることによって自分を超克する。そのためにこそ、女性の美や価値や光輝を賞賛するのである。

だから、宮廷風恋愛においては、男が女性の意のままになったり、女性に翻弄《ほんろう》されているように見えても、それは男の自己規制のための華麗なゲームであった。というのも、貴族社会においては、もともと女は男たちの「獲物」であったから。

血気さかんな男たちが女をめぐって競争する。若い騎士たちの遍歴の旅は、有利な地位を獲得するための女性獲得の旅でもあった。そうした男たちに囲まれた城・宮廷の領主の夫人＝貴婦人は、男たちの競争の的となるとともに、かれらの教育者ともなる。彼女はかれらに礼節をわきまえた競争をさせて、その攻撃性を宥和《ゆうわ》し、誘導するのである。

貴婦人と恋する男たちの関係は、ちょうど封建的主従関係を模している。貴婦人に恋する男が未熟な未婚の男であることは、宮廷風恋愛が封建関係における教育、とりわけ主君にたいする家臣の服従を学ぶ場所であることをよく示している。

だから、そこで女がイニシアティブをとっているように見えても、それはあるべき封建関係に指令されたゲームにすぎないともいえるのである。

とはいえ、初期中世の恋愛のかたちはよりあからさまに男性優位のものであったから、それを考えると、十二世紀の「愛の発明」は、女性にとってもそれなりの意味があったとはいえよう。

情熱的な愛は御法度

それでは結婚のなかの愛、夫婦愛はどうか。

たしかに教会の理論によると、十二世紀には両性の合意のみにもとづく結婚、という近代的原理がうちたてられた。しかしながら世俗社会においては、結婚は男の真剣な「仕事」のひとつであり、また家と家との命運をかけての交渉であった。

そして、結婚生活においては、男は女の主人であり、女を支配すべきであった。教会も、情熱的な愛は、夫婦のあいだにさえ禁じていた。したがって、本来の恋愛は、結婚の外にしか求められなかったのである。

しかし、結婚外の恋愛は当然禁じられていたから、その実態は断罪や禁令といった否定的証拠からおしはかるしかない。

いわゆる瀆聖《とくせい》聖職者や、なまぐさ修道士や淫乱修道女との教会の戦い、あるいは俗人の「性生活百科」ともいうべき「贖罪規定書」や「聴罪司祭のマニュアル」に、情熱的な愛の一面を見ることができる。また十三世紀から十六世紀にかけての説教文学には、修道院からぬけだして恋人と密会する修道女が、さかんにテーマとしてとりあげられた。

しかし、より啓発的なのは、たまたまわれわれの手元まで伝わっている農村社会の自由恋愛についてのまたとない記録、つまり、ひとつの異端審問記録である。場所は南フランスのモンタイユー村、時は十三世紀末から十四世紀初頭である。

その記録には、モンタイユー城代夫人ベアトリス・ド・プラニッソルと異端にして背徳司祭のピエール・クレルグの間の情事のほか、愛と不信のドラマが数限りなくのせられている。

ベアトリスは最初の夫の死後、教会へ告解のために赴いたが、そのとき司祭ピエールが突然抱きつき愛を告白した。はじめは躊躇したベアトリスもついに折れ、来る日も来る日も、教会の告解室ではてしない情事をピエールと展開することになった。が、二年後、このまま関係をつづけることの危険を察知した聡明な彼女は、突然かれと縁を切る。

まもなくベアトリスは再婚するが、ふたたび夫に先立たれる。そして、ダルー助祭のバルテルミー・アミヤックを見初めて関係し、中傷者の陰口をさけるため駆けおちするという、最後の恋に燃えたのである。

抑圧的な女性観に包囲されながらも、世俗の女たちは、仕事に恋愛にと、たくましく生きていたといえる。

第5章　女性の文化は存在したか

本を読む世俗の女性

1　糸巻き棒の福音書

女性独自の文化はあるか

前章では、魔女と聖女を生みだした女性観に包囲された世俗の女性たちが、それにもかかわらず、多くの場面で男性に比肩する地位・役割をもち、活発な活動をしていたことを見てきた。

しかし、それらはたえず、かの女性観をもたらしたイデオロギーによる抑圧をうけ、それによって飼いならされ、とりこまれてゆくことを止めることができなかった。中世末から近世にかけて、女性の地位はどんどん低下し、活動範囲は縮小する。

それでは、男性の価値観にたいする受け身の反応や平等の要求ではなく、女性たち自身が積極的に新たな価値観を生みだすことはなかったのか。そして、女性蔑視や女性崇拝をもたらした男のイデオロギーとは別種のイデオロギーをつくる場所や機会は、彼女たちにあたえられていなかったのか。

別言すれば、女性の文化は、ヨーロッパの中近世に存在したのか。民衆文化とエリート文化の対抗はしばしばあげつらわれても、男性文化と女性文化の対立は、あまり問題にされることもない。はたして、女性の文化などというものがあったのだろうか。本章ではそうしたことを考えてみたい。

おしゃべりの輪

古代から中世あるいは近代にかけて、女性蔑視の理由のおおきな要素のひとつは、女たちがとめどもなくおしゃべりであることだった。彼女たちときたら、嘘はつくし、秘密はけっして守れないし、二人以上あつまれば悪口や噂話にうつつはぬかすし、下らないことをのべつ幕なしにしゃべりあって喜んでいる。教会のなかでさえ、神に祈るかわりに女どうしおしゃべりしている。

このおしゃべりには、昔の男たちもほとほと閉口していたようである。それは、夫を隷属させ、隣人を中傷し、ひいては社会秩序を危機におとしいれる、とかれらはおそれた。男の入りこめない無気味な情報ネットワークにたいする恐怖心がつのると、それを魔女のたくらみのネットワークとかさねあわせる妄想を生むことにもなった。

しかし、おしゃべりは短所であるだけではない。それは長所にもなりえた。というのは、女たちはおしゃべりによって、感性をみがき、知識を伝達しあい、不思議な宇宙をつむぎだしてもいたのであるから。そこに、男性文化とは異質の女性文化の萌芽《ほうが》をみいだすことができるかもしれない。

古代ギリシャ＝ローマにおいては、糸紡ぎ、リンネルと羊毛の織物、染物などは女性の仕事であった。彼女らは家の一区画（ギュナエケウム）に集まって仕事をする。そこは原則として男子禁制であり、ごく近しい家族以外の男性は近づけなかった。そこで働く女性は女奴隷と自由人の女性の両方であり、彼女たちは形式ばった徒弟修業で技を学び、家族のため、またそれを売って利益を得るために、仕事にはげんだのである。

紀元三〇〇年頃の修辞学者でキリスト教の護教家アルノビウスは、ローマのある家のギュナエケウムで仕事をしている少女たちのようすを活写している。すなわち彼女らは、横にならんで単純な仕事をするかたわら、退屈しのぎに、たがいにさまざまな物語をつくって話しあっているという。

中世にもこの古代のギュナエケウムの伝統はのこっていた。針仕事はあいかわらず女性の役割で、その世界からは男性はまったく排除されていたのである。

初期中世においては、ギュナエケウムは繁栄をきわめていたようである。が、それがしばしば「売春宿」となり、淫靡《いんび》な雰囲気をかもしだしていたことが、部族法典や国王の勅令からはっきりとうかがわれる。

女の部屋

十二・十三世紀の宮廷では、貴族の女性たちが、糸をつむいだり織物を織ったり縫い物をしたり刺繍をしたりすることを、小さいころから学んだ。それまで奴隷や比較的身分の

水車場でおしゃべりに花をさかせる女たち

低い女性が主導していた針仕事は、いまや高貴な仕事となったのである。

フランスの宮廷風ロマンには、しばしば女性が裁縫にたずさわっているところが描かれている。そこでは主人公の女性や王妃らは、つねに針仕事に卓越しているように描かれているのである。絹糸や金糸の針仕事は、とくに貴族女性にふさわしい高貴な仕事と考えられた。

貴族の少女たちは、針仕事を「女の部屋」で学んだ。これは女だけの砦であり、やはり古代のギュナエケウムの後身である。そこは母親・叔母・祖母や裁縫教師ら年配の女性が、少女らに針仕事を教える学校のようなものであった。

さらにその「学校」では、音楽や読むことも教えられたが、それも年配の女性から少女へと、男ぬきで伝えられた。女性の知恵や技術は、女性から女性へと連なっていった。一例をあげれば、ドイツ皇帝ハインリヒ二世(在位一〇〇二―一〇二四年)の妻クニグンデは、彼女の妹の娘ユッタにあらゆる種類の教育をさずけたという。

さて、中世フランス文学には、「シャンソン・ド・トワル」といういうじつに興味ぶかいジャンルがある。いま残っているのは十三世紀のものであるが、ずっと以前から歌われてきたのだろう。「シャンソン・ド・トワル」とは、「布の歌」「お針歌」といった意味である。

それは、若い娘らが集まって針仕事を学ぶ「女の部屋」でつくられ歌われたものである。それだけに、その歌の内容を調べてゆくと「女の部屋」とはなにか、そこで女たちはなにを考え、伝えあったか、といったことを垣間見ることができる。

貴族の女性たちは、針仕事をしながらチャーミングな恋の歌を歌う。その場面設定は、たとえば針仕事をしている母と娘がいて、母が娘の恋について忠告する。武勲詩『ドーン・ド・マイヤンス』にふくまれた「お針歌」にあるように、「わが子よ、縫い物と糸紡ぎを学びなさい。そして金の十字架を美しい布に縫いつけることも学びなさい。ドーンへの愛は忘れたほうがいいよ」

このような、恋と針仕事を合体させた歌がいくつもつくられたのである。

受け身だけではない女性

一般に、美しい娘が愛の欲望に身を焦がし、愛人を夢見、かれに身をまかせ、捨てられればかれの前に身を伏せて泣くといったものが、「お針歌」の内容である。

愛の喜びよりも、そのはかなさ、苦悩、弱さ、諦めのメランコリーが主調である。彼女らはその性と身分のため、塔や庭、または「女の部屋」に閉じこめられ、誘惑者をまちつつ嘆き歌う。

しばしば母や乳母の足元で針仕事に精をだしながら愛を夢見るヒロインの境遇が、ちょうどおなじ立場にいる娘たちによって歌われる。娘は恋人への切ない思いと不安を歌い、母は娘に説教する。

一例をあげよう。

（1）可愛いヨランダ、お部屋にすわって
きれいな絹の　服をば縫ってた
恋しいひとに着せたくて
ため息ついては、こう歌った
――神さま、恋という名は甘いのに
苦い味だなんて思わなかった
（2）いとしいあなた、送ってあげたい
切ない思いのしるしに　この服を
どうぞあたしを可哀そうだと思ってね
立っていられず　地にくずおれる
――神さま、恋という名は甘いのに
苦い味だなんて思わなかった
（3）こうして嘆いていたら
恋人が家に入ってきた
娘はかれを見て　顔をふせた

口がきけず、はいもいいえも云えやしない
――神さま、恋という名は甘いのに
苦い味だなんて思わなかった
(4) いとしいひと、私を忘れたのかい
これを聞いて、娘はぱっと微笑んだ
ため息をついて　美しい腕をさしのべ
やさしくそっと　男を抱いた
――神さま、恋という名は甘いのに
苦い味だなんて思わなかった
(5) いとしいあなた、嘘なんかつけないわ
心から愛している、いつわりなしに
すきなだけ　接吻していいのよ
あなたに抱かれて　寝に行きたい
――神さま、恋という名は甘いのに
苦い味だなんて思わなかった
(6) 恋人は腕に娘を抱いて
二人きり、すてきな臥床に横たわる

可愛いヨランダ、ひしと男を抱きしめる
男はフランス風に、娘を床に横たえる
——神さま、恋という名は甘いのに
苦い味だなんて思わなかった

（天沢退二郎訳）

女も恋愛において受け身なだけではないことが、これらの「お針歌」からうかがわれる。

知恵が満載のゴシップ集

中世末から近世にかけても、農村や都市の女たちが寄り集まって、仕事のかたわらおしゃべりに花を咲かせる機会は数多かった。

あとで眺めるように、半聖半俗の女性で修道女に類した共同生活をおくったベギンたちも、機織りや刺繍・針仕事を主要な生業としており、彼女らが共同生活する館は、古代以来のギュナエケウムの伝統を延々とひきついでいるといえる。またベギンにならない都市の女性も、同様な仕事にしばしばたずさわった。

宮廷の「女の部屋」から都市の「女の仕事場」へ。針仕事・織物業はうつりゆき、それとともに女性だけの社交の場も移動していった。

糸紡ぎをしながら
処世訓を伝えあう
女たち

この都市の女たちもそうだが、農村の女性らも、針仕事をするために集まっておしゃべりに花を咲かせたことは確実である。なぜなら、十五世紀フランドル地方には、『糸巻き棒の福音書』という興味ぶかいゴシップ集が残っているからである。

それは、当時の民間伝承を知るのにうってつけの史料でもある。そこでは、女たちが糸をつむぎながら、さまざまな世間話や噂話をし、それとともに、当時の諺《ことわざ》や処世訓や伝承を語っている。冬の夜の集いで、仕事をしながら女性らは知恵をさずけあい、またあらたな知恵を工夫する。

『糸巻き棒の福音書』には、二三〇ものピカルディー・フランドル地方の民間伝承が集められている。そこには日々を生きぬく女性たちの懸念や希望があふれている。とくに結婚の成功とか、ふさわしい子供をさずかる方法とか、妻の夫や子供との関係などにつよい関心がよせられている。また畑の繁栄や動物の世話や健康や富、一般に幸福をもたらし不幸を避ける方法についての知恵が満載されているのである。

二つばかり例をあげてみよう。

もし妊娠している子供が男か女か知りたいなら、彼女が寝ているあいだに、気づかれぬように頭に塩をふりかけ、彼女とうちとけた話をして最初に彼女の口からでた人の名が、男か女か注意しなさい。もし男の名なら、男の子が生まれようし、女の名なら、妊娠しているのは女の子である。

もし、夫が子供全員をつよく愛することを妻が望むなら、夫に気づかれずに、澄んだきれいな水に、子供全員の尿をまぜ、九日間、夫が気づかぬようにしてその水で手と顔を洗わせなさい。そうすれば、かれはまちがいなく、子供たちをつよく愛するようになろう。

実効力があったかどうかは別として、これらの生活の知恵は、おしゃべりのネットワークによって、地域の主婦たちに共有されていったのである。

貴重な情報交換

中世末、南フランスのモンタイユー村での女性の噂話を介した交流も、「異端審問記録」のおかげで知ることができる。女たちは、たがいに虱《しらみ》とりをしながら、台所仕事にいそしみながら、寝床で共寝しながら、羊毛をつむぎながら、あるいは広場や井戸、洗い場、共同かまど、水車場など、ほかの女性たちとの出会いの場ならどこでも噂話の花を咲かせた。

それは、家から家、村から村へと伝わり、山鳴りのように巨大な声の集積となった。この噂話による女性の交流は、毎日反復し持続したので、密度がきわめて高かった。言葉のやりとり、声を発し、他人の声を聞くこと、これこそ、女にとっての生存のあかしであった。それは、感情生活を満足させるとともに、貴重な情報も交換されたから、男にとっても無視できない力をもっていた。

このように古代以来、女性たちは女性たちだけの、小さいがゆるぎない、男性の侵入をはばんだ世界を築きあげてきた。そこでは生活上なくてはならない知恵が伝えあわれ、また美しい感情表現が生みだされていた。

長らくそれは口頭で伝えられ、文字として書きとめられることはなかったが、「お針歌」や『糸巻き棒の福音書』などが書きとめられるようになって、ようやくわれわれにも、その密やかな世界を垣間見ることができるようになった。

この声、おしゃべりによってむすばれた女たちの世界は、男性の文化とは異なった文化を、あまり日の当たらないところにおいてではあれ、育みつづけていたのである。その重要性はもっと注目されてしかるべきであろう。

2　読書する女

読書するのは誰か

中世の書物とは、羊皮紙に一字一字、刻み、書かれ、装飾された高価な写本であり、その数も当然、限定されていた。だから、それは書物というより、どちらかというと、修道院や教会の宝物庫にいつまでも保存されるべき「宝物」であった。

しかし書物の普及が制限されていたのは、それが高価であったためばかりではなかろう。もうひとつの理由は、おそらく中世のある時期まで、知の受容や伝達のかたちが、もっぱら声と記憶に頼るものであり、書かれた文字が知の伝達に占める比重が小さかったということによろう。

しかしながら、およそ十一・十二世紀になると、文字の比重が格段におおきくなり、それに比例して写本の数もふえた。また、修道院や教会で朗読されるのを皆で聞くという方式だけではなくて、私的な読書もさかんになる。そのことは、音読にかわる「黙読」の習慣が誕生したことと密接に結びついていよう。

ところで、中世において書物は、男性の知識人、ということはとりもなおさず修道士や聖職者たちだけが独占的に手にすることができ、またそれを読む能力があったと、一般には信じられているのではなかろうか。いや、専門の歴史家でさえ、比較的最近まではそのように考えてきた。

聖職者や修道士とならんで、盛期中世以降には、イタリアの商人たちも、商売を首尾よくやるために簡単な読み書きの能力を要求されたので、書物を読むことができるようになった。ボッカチオなどの市民文学が人気を博するようになるのは、そのような素地があったためである。

しかしじつは、読書するのは男性ばかりではなかった。女性も非常な読書家であったのである。初期中世の修道女たちは、お祈りとともに、典礼関係の書物を読むのが日課になっていた。

また、後期中世には、修道女の読み書き能力が著しく低下した反面、俗人の女性が相当数書物を所有し、それを自ら読み、また息子や娘の初等教育にもちいたことが徐々に明らかになりつつある。

女性から女性へ

たしかにいまだ貴族や上流市民の女性に限られているとはいえ、彼女たちは十四世紀には、相当数の書物をもつようになっていた。そして十五世紀になると、一気にめざましい書物所有の高潮が訪れる。なんと二〇〇冊ちかくの蔵書をほこる女性さえあらわれる。

修道士らをのぞけば、後期中世には、女性こそ読書の主体であったことは間違いないようである。男性は、たとえ書物をもっていたとしても、仕事でいそがしく、ゆっくり部屋で読書する時間も欲求もなかったであろう。それになにより、家の教育係りは母親であったから、女性のほうが文字を読む能力を要求されたのである。

15世紀に描かれた「受胎告知」図では、マリアが読書をしている

貴婦人に自作の本を贈る詩人

修道女とは異なり、彼女たちはラテン語を学ばなかったが、俗語で書かれた宗教書や世俗の書物、またラテン語からの翻訳をさかんに読んだ。それらは購入したり、父や夫から遺贈されたりして彼女らの手にはいったものである。

俗人の女たちは、父や夫の死にともなって書物をゆずりうけただけではない。むしろ女性が女性に書物をゆずることのほうが、書物の収集にとって重要であったと思われる。

母親から娘へ、遺品として、アヒルや小さな家畜・ベッド・家具・衣類・装身具などとともに、書物（信心書）が代々伝えられていったことが、たとえば代表的なゲルマン法典である『ザクセンシュピーゲル』（十三世紀前半）第一巻に記されている。

それを見ると、女性から女性へと、一種の生活の知恵、家庭の文化、そして信仰心が伝達されていったさまがよくわかる。『ザクセンシュピーゲル』の有効地域にかぎらず、一般にもそのことはいえる。書物のなかでもとりわけ「時禱書《じとうしょ》」は女性の読み物であり、何代にもわたって一族の女性にうけつがれていったのである。

読書の恍惚

ところで「時禱書」とは、大体が、一日の特定時間に唱えられるべき祈りと、聖書や聖者伝の抜粋からなっている。この個人用祈禱書は、十二世紀以降きわめてポピュラーになったものである。「時禱書」はしばしば、「読み」を学ぶ少女への贈り物となり、さらにしばしば「嫁入り道具」の大事な一品に数えられた。

この書物ジャンルは、教会の公的なコントロールからまぬがれているため、個人個人が自分の希望や性向にあわせて委託してつくってもらったものである。

したがってその内容は、個人個人の要望に応じて異なっていたが、一般に、あらゆる経験知や処世訓、とくに女性のつとめと行動についての教えがつめこまれた。貧者に寄進し、家庭の食料生産を管理し、婢を監督し、乳牛の乳をしぼり、バターを攪拌《かくはん》し、子供を教育する、などなど。さらにそれは、娯楽要素もかねそなえていた。

それは後期中世に擡頭した、まったく個人的な聖性への接近と信心の修行のあり方に対応するものであった。俗人たち、とりわけ女性の宗教心は、後期中世になると教会のコントロールからまぬがれるようになり、それが私的な信心深い読書をもたらしたのである。

聖女が恍惚の幻視のなかで体験したことを、ふつうの女たちは読書をつうじて得ていたのだといえる。私的な読書が、往々にして、エロティックな妄想をかきたてたとしても、なにを驚くことがあろう。

彼女らの読書習慣を援助した技術的要因もあったといわれている。それは、十四世紀前半に一般家庭の暖炉と煙突が発展して、煙を屋外に排出しつつ部屋内部を安全にあたためられるようになったことが第一。

暖炉は、それ以前のおおきな共同区域(土間)の中央に陣どっていた囲炉裏にかわってあらわれた。それは個々の部屋に付属させることができるため、個人用の小さい部屋がつくられるようになった。

また第二に、窓硝子がほぼ同時期にあらわれたことも、平和で快適な室内読書を、プライヴァシーの確保とともに可能にした。

第三に、十三世紀までに眼鏡が登場し、最初は老眼用のみだったが、十五世紀半ばには近視用の凹レンズも誕生したことが大切である。

第四に、十四・十五世紀にはより安価な写本製作が可能になり、さらに十五世紀末までには、小さな本の印刷技術が改善された。かくて、この時期までには、本は下層市民の女性にも手のとどく値段になっていたようである。

書物は魔女と聖女を生んだ

彼女たちの読書のモチーフ、そしてその影響とはなんであったのであろうか。

まず、世俗の女たちは、伝統的なキリスト教的思想において低い地位しかあたえられなかったし、正規の学問の道や聖職者への階梯からは排除されていた。したがって彼女らは、男性以上に書物から霊的・心的滋養を手にいれる必要があった。それが第一のモチーフである。

聖女のような神の賜物をうけとることはできなくても、聖女が読んだのとおなじ本、あるいは聖女の著作を読むことは可能であった。そこで彼女たちは、読書によって自らの信仰心をふかめ、豊かにしていった。

しかしこれは、教会の管轄外でのおこないである。したがって、俗人の女性がいかがわしい本を読んで、神秘主義にかぶれたり、異端に汚染されたりするのを、教会当局は警戒した。

中世末に活版印刷術が発明されて、それが悪魔学関係の著作のいくつかを大ベストセラーにしたことはすでに述べた。魔女は、こうした書物の普及とともに多量につくりだされていったといってもよい。しかし、書物の普及は、魔女をつくりだすと同時に、聖女の聖性の拡散ももたらしたのであった。ふつうの女性が、ふつうに生活しながら聖性に近づけるとは、すばらしいことではあるまいか。

第二のモチーフとしては、教育上の必要である。彼女らは子供たちの最初の教育者であり、そのためにたとえばアルファベットの教授に必要な書物を手にいれた。つぎに、影響としては、文化的な影響が重要であった。というのは、女性の「嫁入り道具」であり、また持ち物であった書物は、当時の国際結婚によって、異国の地にもたらされることになったからである。かくして、女性が持参した書物のおかげで、文化の伝達交流がおこなわれるようになる。

文学・芸術・宗教理念の伝達者。母から娘へと伝えられる知。彼女たちの影響によって、中世末の俗人の信仰心の発展および国際的文化交流がもたらされた、といったらいいすぎであろうか。

しかしともあれ、女性たちは読書することによってますます女性独自の感性にみがきをかけ、それを女性から女性へと伝えていった。そしてそのような女性がふえてきたからこそ、本章の最後にみるような女性知識人たちが、女性独自の価値や特性を高らかに主張することが可能になったのである。

3　聖なる治癒力

癒しの貴婦人

医学には、理論的な医学と、経験にもとづく医術の二つがある。とすれば、女性たちがその得意の分野としたのはもっぱら後者であった。家庭での家族の健康管理のほか、とくに免許なしに、村や町で、住民の病を診察して薬草を処方する女性がいた。

女性の医学的知識は、彼女の神秘的な力にたいする敬意の念と同時に、恐れをも吹きこむことになった。そのために中世末から近世にかけて、彼女らが魔女の嫌疑をかけられたことも、すでにふれたとおりである。

フランス中世文学をひもとけば、戦いで傷ついたヒーローが少女や貴婦人によって癒される場面が多数でてくる。たとえば有名なケースは、中世フランスを代表する物語作者クレチャン・ド・トロワの作品『イヴァンまたは獅子の騎士』(一一八〇年頃)中の、傷ついたイヴァンとその分身ともいえるライオンを癒す二人の少女である。

また、十二世紀の歌物語『オーカッサンとニコレット』のなかには、病んだ巡礼を、形のよい自分の踝《くるぶし》を一瞬みつめさせて癒し、また馬から落ちて肩を脱臼《だっきゅう》したオーカッサンの肩をもとにもどし、花や草や木の葉の湿布《しっぷ》をあてて病を癒すニコレットが登場する。

ドイツ文学中にも、フランスに劣らず多数の看病する女性のケースを見つけることができる。ヴォルフラム・フォン・エッシェンバハの『パルチヴァール』(一二〇五年頃)では、傷ついた主人公の傷を女王とその側女らが癒す。また、ハルトマン・フォン・アウエの『エーレク』(十二世紀)では、薬師の心得ある王の二人の娘が、今は亡きフェイムルガーンのつくった膏薬でエーレクの脇腹の傷口を治療する場面が登場する。

貴族の女性たちは、庭園で薬草をはじめとする様々な草花を摘んだ

これら文学にあらわれるやんごとなき女性たちは、学校で医学を学んだりその免許をもっていたりすることはなくとも、かなり専門的な知識の所有者だったとみうけられる。貴族の女性らは、薬草の知識や救急医療に通じているべきだと考えられていたのである。

女性のもつ神秘的な力

ではなぜ、女性に医学的知識がもとめられたのであろうか。それは、「家庭の仕事」の一環であったからだともいえるし、優しく手先の器用な女性のほうが、武骨な男よりもふさわしかったからだともいえる。

しかし、それらにくわえて、太古からある女性のもつ神秘的な癒しの力、女性＝母なる力への信頼が、どこかにかくされていたように思われる。魔女も聖女も、不可思議な治療の力をほこっていた。そのどちらでもなく超自然の治癒力をもたないふつうの女性にも、癒しの力が期待されたとしても不思議ではあるまい。

庶民のあいだには民間医療が、祈禱や聖者への祈願と組になってひろまっていたであろう。神秘的な力で住民の傷や病を癒す、村の老女や中年女性が一方にいる。そして他方には、とりわけ聖女が、聖なる治癒力をほこっていたのである。

聖女たちは、奇蹟を起こす力をしばしばさずかり、その死後または生前も、蝟集《いしゅう》する病者——精神的な病をもふくめて——に助言をあたえ、薬の処方をしたのである。

医学の分野のなかでは、いうまでもなく産婦人科が、女性の経験にもとづく医療のもっとも重要なものであった。女性の苦しみや女性の要求は、女性にしか分からないというわけである。十八世紀にいたるまで、女は女の手によって癒された。

外科医は職人

しかし、理論的な研鑽《けんさん》をつんだ本当の医者にも、女性はなれないわけではなかった。いや医学は、女性が多くの職業から門戸を閉ざされていた中世という時代には、めずらしく活躍できる自由業のひとつであった。その門はひろくはないが、ひらかれていた。

中世でもっとも著名な女医といえば、サレルノのトロトゥーラである。「産前産後の婦人病について」との題名の有名な論稿の著者である。彼女は、謎めいて経歴は不明だが、おそらく十一世紀なかばころに生まれたと考えられている。そして彼女の著作は、中世後半にはきわめておおきな人気を博した。

中世最古の医学センターというべき南イタリアのサレルノでは、数多くの女性が医学と薬学を学んだようである。女性は婦人病学や化粧術だけではなく、日焼けなど軽い病の治癒も得意とした。

とはいえ、サレルノはおそらく例外で、一般には、女性が医学校で医学理論を学んでその免許をとることは、かならずしも容易ではなかった。フランスで一二〇〇年以降知られている七六四七人の医者のうち、わずか一二二人のみが女性であったという。

十三世紀のフランスでは、女性は、医者になることを公式には禁じられ、ただ外科医にのみなることを許された。外科医は、医者とは根本的にことなる職種であり、大学で学ぶものというより職人業として親方からうけつぐもので、非常に軽視されていたのである。禁令を聞きいれない女医は、破門された。破門だけならともかく、魔女とされることさえあった。

サレルノの女医たちは、皆、俗人であったが、修道女でも医学をきわめた者がおり、そのうちもっともよく知られているのは、十二世紀の偉大な神秘家ヒルデガルト・フォン・ビンゲンである。このビンゲン女子修道院長は、薬草などの医学的知識に通暁《つうぎょう》し、いくつもの著書のなかで、病気の原因とその治療法を書いているほどである。

十四世紀前半、フランスのレジスト（ローマ法学者）にして役人であるピエール・デュボワは、医学を少女たちが学ぶべき学問とした。そしてその習得が貴族の主婦の務めだと考えていることをうかがわせる計画を、国王フィリップ四世に建議している。

こうしてみると、専門の医者となることはまれでも、女性たちは、いわば「家庭医」としての役割を男性からも期待され、そして多くの女性が現実に医療を牛耳っていたのではないかと考えられる。

そして、その初歩的な医学知識は、女性から女性へと伝えられた。ここでも、男性を排除した女性の知の形成がみとめられるのである。

しかしながら、中世末からフランス革命にかけては、女性の医者は一気に衰退した。正式に医学を学ぶことのできる女性も、ごくわずかしかいなくなった。これは、薬草などについての知識をもつ女性たちが、つぎつぎと魔女として火刑台にのぼらされていったことと無関係ではないであろう。

4　ベギンとピンツォケーレ

半聖半俗のなかの福音

すでに第3章で中世の女性宗教運動を論じたときに、その代表としてベギンを紹介しておいた。ベギンは、修道女とにたような祈りと禁欲の生活をおくるが、修道女とちがって清貧・貞潔・服従の修道誓願をたてず、したがうべき本格的戒律もない。だから彼女の身分は俗人のままなのである。こうした半聖半俗の女性をベギンとよび、その集団ないし組織をベギン会とよんでいる。

ベギンの宗教生活の目標は、「使徒的生活」であった。父や夫の財産を「毒」「死の棘《とげ》」として捨てて、自発的清貧と、自らの労働による生計維持をめざした。修道会に属さない彼女たちの霊的指導は、シトー会修道士、そしてよりしばしば托鉢修道士や司教座聖堂参事会員がおこなった。

ベギンは、宗教生活をいとなむかたわら、一方ではごく普通の市井の女性であった。結婚している女性や途中で結婚する女性もいたし、仕事もつづけられた。つねに世俗的生活に片足をつっこみつづけていたのである。

しかし、このことは、完徳をめざす運動としての欠点とばかりはいわれない。というのは、その聖俗どっちつかずの性格が、彼女たちの社会的役割あるいは民衆文化のなかでの役割を、ほかの宗教運動の参加者におけるものよりも当然おおきくしたからである。

たしかに、個々の女性がベギン会にはいるには、それぞれの動機があったであろう。いずれかの修道会にはいって世俗を捨てた厳格な禁欲生活をおくりたいと思ったが、既存の修道院にはもう定員の余りがなくてはいれないので、やむなくベギン会に入会した女性もいるだろう。夫が死んで生計をいかにして立てたらよいのか途方にくれて、ひとの勧めでベギンになった者もすくなくあるまい。

とりわけ盛期中世のネーデルラントやライン地方といった、都市化のきわめて進行した地域においては、人口が急激にふえたため、若者は安定した職や地位を都市のなかにみつけることが困難であった。

そこで男性は戦争があればそこに身を投じ、さもなくば放浪や冒険を選んだ。男性が戦争で死んだことや一生独身を守る男性（聖職者・修道士）の存在が、成年男女の人口にアンバランスをもたらし、相対的に女性が過剰になったのだ、としばしば論じられている。

このような説明が、かならずしもすべての都市について正しいわけではないことは、ケルンについての研究によって実証されている。しかし、男性不足は、かなりの都市について当てはまる原因ではあろう。かくて、過剰になった未婚女性の一部がベギンになった、という事情も無視できまい。

しかしともあれ、彼女たちが、十一・十二世紀以来の俗人の宗教的覚醒、福音的生活への目覚めという文脈に属していることは、すでに指摘した。

彼女らは、よりよい福音的生活、使徒的生活をもとめてベギンになった。もちろん、シトー会やプレモントレ会といった改革修道院にはいれなかったので、というケースもあろう。しかしそれ以上に、彼女らの宗教的渇望をみたす既存の組織が存在しなかったからこそ、ベギンとなった場合が多いと思われる。

ケルンでは成人女性の一五パーセント

ベギンは、十二世紀後半から姿をあらわし、またたく間にふくれあがった。十三世紀までには、ドイツとネーデルラントを中心に、何千人という女性がベギンとなったと考えられる。とりわけケルンでは、一三二〇年には約一〇〇〇人ものベギンがおり、それは成人女性の約一五パーセントを占めるという。

彼女たちは、他の国では別の呼称をとった。たとえば一二六九年、ユード・リゴーは、フランスのベギンに類した女性を「神の娘たち」と呼んだ。また、十三世紀初頭に彼女たちの最初の足跡をみいだしたイタリアでは、「ウミリアーテ（謙譲の女）」ないし、とくにトスカナ地方では、「ピンツォケーレ（迷信深い女）」と呼ばれた。

ベギンには四つのタイプ・段階があるといわれている。第一は、個人的ベギンであり、自分の家にいてふつうに働くが、しかしできるかぎり貞潔に敬虔に生活する。

第二は二、三人―六〇、七〇人のグループがいくつかの家に住み共同生活する。そしてその属する小教区の司祭の霊的指導に服する。

第三段階は、二〇〇―三〇〇人が囲壁で囲まれた大集落をつくり、一種の都市のなかの都市となり、また独立の教区をつくるもの。

第四の種類としては、女よりも男（ベガール）が主だが、放浪乞食としてのタイプである。

異端宣告

さて、ベギンたちのどっちつかずの曖昧《あいまい》な境涯は、厳格な身分秩序を重んじる教会にも、世俗社会にも、その両方にやっかいな問題を投げかけた。生得の身分や階級を越境していったりきたりするなどは、秩序をおびやかすもってのほかの行為であった。帰属すべき家族もなければ修道院もないベギンの存在は、きわめて困惑させるものであった。

そこで、教会はまず、彼女たちのモラルを疑い、さらにそれと連動してその正統教義からの逸脱を呪った。一三一一年から翌年にかけて開かれたヴィエンヌ公会議では、彼女らの八つの誤謬《ごびゅう》をあげつらって、その存在に最後通牒をつきつけた。

ついでこの公会議決定に呼応する教皇クレメンス五世の教勅は、ベギン会の解散を命じて、彼女らを異端呼ばわりした。

しかし、この広範な運動、しかも雲をつかむような、どこに逸脱の尻尾があるのだかわからない組織化されない不規則な運動は、教会にとって対処するのが至極困難であった。そもそも教義の誤謬を指摘するのはよいが、彼女たちがじつのところなにを信じているのか、教会にはそれさえ厳密に確定することが容易ではなかったのであるから。

さらにベギンらは、社会にひろく根をはった隠然たる勢力をほこっていた。そしてその理由は、彼女たちが女性であり、都市民衆の要求にこたえる、女性特有の社会的また精神的役割をはたしていたからである。それゆえ、そのひろい土壌から養分を吸いとるベギンを消滅させることは不可能であった。

教皇クレメンスの抑圧政策が実行できないことがわかったので、ヨハネス二二世は、一三二〇年にその教勅を撤回した。そして、たんにネーデルラントの司教たちにそれぞれの司教区で、ベギンがどんな行動をとっているかを調査させるだけにとどめた。

教育の場としてのベギン

ところで、ベギンの社会的・精神的役割とはなんだったのか、それがここでの問題である。

一二三六年にフランドル伯夫人ジャンヌが年金を付与して建てたヘント（ガン）のベギン会については、一三二八年に書かれたメモワールから、かなり詳しく彼女らの生活をうかがい知ることができる。

ヘントのベギン会の敷地には、中心に教会があり、そのまわりにはベギンたちのための多くの小屋が建っていた。それらは相互に溝ないし塀で仕切られていた。それぞれの小屋は独自に菜園をもち、何人かの女性が共同生活をしていた。

彼女たちは、貧しく、ベッドとたんす以外になにももたなかった。けれども、彼女らは自分たちの手で働いて生計をたて、他人に迷惑をかけないようにしていた。

その仕事とは、都市から送られてくる羊毛を洗ったり布をきれいにしたりする仕事で、そこからわずかな収入をえて生活した。それぞれの小屋には、仕事を監督する女性が一人いて、仕事の進展にとどこおりのないよう気をつかっていた。

彼女たちは、朝起きると中央教会でのミサを聞き、そのあとそれぞれの小屋に戻って沈黙のうちに仕事にはげむ。仕事をしつつも、祈りをたえずくり返し唱えている。小屋のなかでは、代表して二人の女性が詩編を交互に朗誦して、他の者たちは心のなかでそれをくり返す。晩課には、お勤めのために中央教会にもどってゆく。彼女らはしばしば、パンと水で断食し、またその衣服は灰色であった。

これらの祈りと仕事を介して、彼女たちは道徳的な教育と家庭の手仕事に習熟してゆく。また、そこから一歩ふみ出て、職人としても一人前となってゆく。

そのすばらしい「教育」の噂を聞いて、良家の娘たちがベギンのもとに送りこまれてきた。それには、娘たちが長じてのち、宗教生活や結婚生活でうまくやってゆけるように、との期待がこめられていた。

都市工業の一端を担う

女性たちがひとつの小屋や部屋につどって祈りをしながら手仕事にはげむ、という構図は、どこか第一節でみた「ギュナエケウム」を彷彿《ほうふつ》とさせないだろうか。「ギュナエケウム」の女たちが噂話にうつつをぬかしながら、女性たち固有の知識を伝授しあっていたように、ベギンたちも霊的生活に加えてさまざまな知識や技術を伝授しあっていたのである。

さらにベギンたちの仕事は、家内の仕事であった古代や初期中世の「ギュナエケウム」での糸紡ぎや織物の仕事より一層規模がおおきく、ゆえに、当時発展のきわみにあった当地の織物工業の一端を担っていた。

都市の工業センターからは、ベギン会に羊毛と布が送りとどけられる。彼女らにまかされたのは、単純な洗浄の仕事であった。彼女たちには、機織りや縮絨や染色などの、織物業の中心的プロセスはまかせられなかったようである。

彼女たちの仕事は一般に、男の支配するギルドの権利や利益をおびやかすことはなかった。しかしケルンのように、まれにベギンの仕事の規模がおおきく成長する場合がある。そのとき、独占権をおびやかされると危惧したギルドは、なりふりかまわぬ攻撃を浴びせた。

手先の器用なベギンは、ほかにレース編みも得意であった。今日ベルギーを訪れるものは、商店のショウウィンドウに飾られた美しいレースを賛嘆の目をもってめでるであろう。それも、もともとベギンらの得手な仕事であったのである。

さらに彼女たちは、市民や聖職者の家での雑用をしたり、洗濯、醸造、ローソクづくりなどにもたずさわった。また富裕な市民や王侯の建てた救貧施設で老人や貧者・病者の世話をするのも、その近くに住むベギンの仕事であり、さらに葬式にも——泣き女そのほかの役目で——なくてはならない存在であった。

なくてはならない存在

以上がベギンの「社会的」役割だったとするなら、それでは、「精神的」役割とは、いかなるものであったのか。

彼女らはきわめて高い霊性をもち、福音主義にのっとって神につかえ、しばしば神秘主義思想を抱懐《ほうかい》したから、その人格の影響は彼女たちに接する者にすぐ伝わったであろう。が、それ以外にも、興味ぶかい精神的影響をあたえた。

つまり、これはネーデルラントのベギンよりもイタリアのトスカナ地方のピンツォケーレについてよく知られているのであるが、彼女らは素晴らしいことをなしとげる「秘密」を所有していたのである。

カードや羊皮紙の破片によってまじないをかける。コウモリや刑吏の処刑用の綱や気味の悪いものをいれた魔法の箱をいつももち歩く。またさらに、お守りや祝別されたローソクや文字化された呪文などが、彼女らの民衆にたいする影響力を高めたのである。

しかし、ピンツォケーレは一種の魔術の専門家として、民衆文化の一端をになって周囲に精神的影響をあたえただけではなく、実用的知識にも通暁していた。

まず彼女らは、化粧術の大家であった。いかにして肌をきれいにし、皺《しわ》をとり、胸に張りをもたせるか。つまり美を保持し再現する方途を知っていたのである。さらに眉毛をぬき、歯を輝かせ、目をきれいにするのもたくみだった。彼女たちは産婆術にもたけていた。ピンツォケーレは、一般に教会当局から、悪魔とはなんの関係もないとされていた。だから魔女とされることはなかった。彼女らは、トスカナ地方の女性が困ったときにいつでも相談にのる、カウンセラーのようなものであった。

このように聖界と俗界をゆききしながら、目立たないが庶民にとってなくてはならぬ役割をはたした女性であるベギンやピンツォケーレを、世俗の人びと、とくに俗人女性が支持するのは当然であった。教会にとっては目の上のたんこぶのような存在でも、世俗の人びとにとっては貴重な役目をになっていたのである。

彼女たちのなかからは、高い霊性に到達して、聖女として讃仰される者も輩出した。「聖体をいつくしむ聖女」や「恍惚境の聖女」となったベギンは多い。

だが、マルガレート・ポレートのように、秘蹟の仲介なしに自力で地上において神と合体できるという思想にちかづいて、異端（魔女）として一三一〇年にパリで火刑台にのぼった不幸なベギンもいた。

しかし魔女でも聖女でもない一介のベギンこそ、おそらく都市化のすすんだ社会で時代の先端をゆきつつ、女性として厳しい時代を生きぬくスタイルをみいだした者たちであった。

5　女性知識人の登場

最初のフェミニスト

くだくだしく説くまでもあるまいが、中世や近世においては、公的に流通する知は、ほとんど男性に独占されていた。医学――とくに産婦人科――のような多少の例外をのぞけば、神学や法学をはじめとして大学で教授されるあらゆる科目において、その知は男性が独占していたのである。また、文学者もほとんどが男性であった。

女性知識人といいうるほどの者は、皆無にひとしい状態であった。ただ宗教の領域では、めざましい霊性を展開させた女性たちが、とりわけ後期中世に活躍した。彼女らは大半が、すでにくわしく論じた「聖女」であり、またそこに女性独自の霊性がうかがわれることも指摘ずみである。

それでは、世俗領域では、女性知識人と呼びうるものは、いつごろ世に登場するのであろうか。もし女性知識人が存在するとするならば、彼女は男性によってつくられた知を学びとって自《じ》家薬籠中《かやくろうちゅう》のものとするだけではなく、かれらとは異なった価値観の上にたって議論を展開していなくてはなるまい。

女性が男性に伍して知識をつみ、どうにかこうにか男性とおなじレベルで同様な仕事をこなす。それだけではつまらない。もし彼女たちが自ら女性であることを忘れ、あるいは忘れようとして可能なかぎり男性にちかづき、さらに男性の視点を自らの視点として女性蔑視の立場にたつとしたら、ほんとうにつまらない。

女性性を十二分に主張しつつ、なおかつ知識人であった女性の例はないのか。こんな疑問を胸にいだきながらあちこちさがしてみると、だれでも最初につきあたる傑出した女性は、おそらくクリスチーヌ・ド・ピザンであろう。

クリスチーヌ・ド・ピザンは、イタリア系のフランス詩人である。一三六四年にヴェネチアに生まれ、一四三〇年に世をさるまで、フランスの宮廷で活躍し、きわめて多くの韻《いん》文《ぶん》・散文の作品を残した。それらにおいて、女性の権利や価値を高らかに主張した彼女は、ヨーロッパ最初のフェミニストの一人として数えられている。

フェミニズムを定義するのに、十九世紀以降のラディカルなフェミニストのように、あらゆる領域における男女同権の主張だとするならば、それは彼女にあたらない。

しかし、彼女は、女性の特殊な資質を認識させ、それを社会全体の福利のために用いることを主張し、男性による女性の文化的・社会的植民につよく反発した。そういう意味では、やはりフェミニストの列にくわえてもよいのかもしれない。

女性蔑視との格闘

クリスチーヌ・ド・ピザンはまさに傑出した女性であった。もともとは主婦であったが、夫を亡くして子育てのために文筆で身をたてた。たちまち作家として好評を博し、賛美者も集まった。

苦労しながら子育てし、その苦労のなかで自分の思想を育んだ。そして、女性全体との関連のなかで、自分の状況をふかく反省したのだが、これは、あの時代としては稀有《けう》の例である。

クリスチーヌは、女性としてほとんどはじめて、きわめて広範な読者を対象に、多岐にわたる書物を書いた。そしてさらに特殊なことに、その作品の主題の多くが、女性であった。

彼女の代表作は、たとえば『女の都の書』や『三つの美徳の書』である。前者において、彼女は全力をあげて女性の価値と才能を証明しようと尽力し、また後者は、女性のための教育マニュアルをなしている。そのほかの彼女の作品においても、きわめてしばしば直接間接に、女性の境涯が描かれている。

彼女は古代から中世をつうじて存在した「女性蔑視」と格闘した。男性による現実の女性虐待とともに、文学的な伝統をなす女性蔑視を槍玉にあげた。

クリスチーヌ・ド・ピザン『女の都の書』の挿画

古代のオヴィディウスやユヴェナリス、彼女の時代に近い『バラ物語』（十三世紀）や、さらにまずラテン語で一三〇〇年ころ書かれ、一三七〇年ころに、ジャン・ル・フェーヴルによってフランス語に訳された『マテオルスの嘆き』といったポピュラーな作品を、事実を歪曲して女性をおとしめていると、きびしく非難したのである。

クリスチーヌによると、女性は男性とすくなくとも同等の勉学能力がある。たとえ一握りの女性が悪徳に染まっているとしても、それをすべての女性におしひろげるのは正当ではない。

男性が女性を悪く見るのはかれらが欲望の奴隷だからで、ほんとうは、女性は男性に優越する特殊な資質をそなえている。彼女らは優美で忠実であり、彼女らは戦争や諍いは起こさない。さらに彼女らが世界で一番素敵なことを独占している。それは母たることだ、という。

すべての男性は、女性から生まれたのだから、女性に忠実であるべきだ。教育だって、女性はうける資格とマスターするだけの能力がある。彼女らはあらゆる学芸を十分理解するふかい能力があるし、より自由で鋭い心をもっている。そうした女性の美質は、彼女自身の直接の観察から裏付けられる、とする。

そして、男たちはこれまで、女のほんとうの業績や歴史について無知であった。かれらはものを見る尺度を正し、女についての偏見をなくすべきだ、という。

女性の優越性

おそらく、クリスチーヌの生きたこの十五世紀という時代には、宗教的な環境にかぎられず、世俗の場面においても、女性独自の価値を本格的に自覚し、それを口にのぼせて男たちにむかって主張する、女性の知恵者たちがようやくあらわれたのであろう。クリスチーヌのように文筆の業にたずさわらなかったために、その証言が今日まで伝わっていない者もかなりあるかもしれない。

彼女の後には、ナバラの王妃マルグリットが、やはり女性の権利を訴えた。彼女は、アングーレーム公シャルル・ドルレアンの娘として一四九二年に生まれ、フランス王ルイ十二世の宮廷で育った才女であった。さらに彼女は優美で心優しく礼儀正しく機転がきいて、まさに宮廷の華であった。一五二七年にナバラ王と結婚し、ナバラにも芸術の花を咲かせた。福音主義道徳とリアリズムをミックスした『エプタメロン』が彼女の代表作である。

彼女も、クリスチーヌの約一〇〇年後に、彼女と同様な議論を展開して女性を擁護した。マルグリットもクリスチーヌとおなじように、若くして寡婦となり苦労した体験をもつ。そして男性から不当な扱いをうけていると痛感して、その著書のなかで、男は男自身の欠点ゆえに女を呪っているとする。そして女性の優越性を主張し、よりよき待遇をもとめたのである。

彼女たちは、また、何百年にもわたってフランスでつづけられた「女性論争」の女権擁護派の先鋒であり、彼女らにつづく論客に、ほとんどあらゆる議論の支持素材をあたえた。そういう意味でも、きわめておおきな役割をはたしているといわなくてはならない。

もりあがる女性論争

このころから、男性たちの女性論は徐々に様相を変える。つまり、かつてのような宗教的見地にたった女性への軽蔑や呪い、あるいはその対極をなす賛美は影をひそめる。そして、ルネサンス期の人文主義者たちは、理性の光で女性の現状を見さだめることに意をもちいはじめる。

しかし、それがただちに女性解放につながるわけではない。宗教的偏見にかわって、医学的偏見がはばをきかすようになったし、また論者がすべて女性にシンパシーをいだいたわけではなく、女性に悪意をよみとり、軽薄・淫乱・無定見で男性に従属すべき劣等な存在だとする者も多数いたからである。

かくて「女性論争」は、とくにフランスで、何百という書物、論文、詩、パンフレットなどの紙上で、あるいは華やかなサロンの席で応酬された。

それには文学者、哲学者、貴族、騎士、市民、教会人、宮廷人、医師などが参加し、えんえん十八世紀までつづく。女性への非難が高まるときと、女性擁護の声がおおきくなるときとが交互におとずれた。

男性のまねをするのはよくない

クリスチーヌをはじめとした中世末から近世にかけてのフェミニストたちは、男性による蔑視とひどい仕打ちを、女性が沈黙のなかで忍従するのを拒んで、反抗の高声をあげた。それも自分自身の身の証しをたてんがためではなく、女性全体の大義をかかげたのである。女性の人生について、彼女らはふかく考え、いかにしたらそれが改善されるのかと自問したし、それを男たちに訴えもした。

たしかに女性解放や境遇改善のための具体的プログラムがそこにあるわけではなく、また女性たちがこぞって組織をつくろうという発想もそこにはない。いわば、かそけき反抗といえばいえるし、孤立した事例ともいえる。

しかし、彼女らの活動が、無視できない意味を帯びていることはたしかである。女性は、男性と異なった積極的活動領域をもつ、という考えは画期的である。

クリスチーヌやその後継者たちは主張する。神は男性と女性を、異なった職務で神につかえるように命じ、また互いに助けるように命じた。両性には、それぞれ適当な固有の本性と性向がある。男性のまねを女がするのはよくない、と。

以上本章で考えてきたのは、女性の文化がヨーロッパ中世・近世にあったかどうかということである。歴史を記録するのはつねに男であり、かれらは男の視点でのみデータを収集し、また配列してきた。このため女性の文化は、もしあったとしても表面にあらわれることはすくなく、歴史家によって正当な評価をあたえられてこなかった。

しかし、「女の部屋」での噂話や恋歌、ベギンの活動、女性のもつ病気治癒の知識と技術などに注目してみると、中世をつうじて、女性だけの感受性・社交性・価値観形成の場が、陰ながら存在しつづけたことは明らかだと思われる。

それは、男性にとっても、かれらが言葉でいわなくても、あるいは呪いの言葉だけを吐いているとしても、重要で、無視できないものであったことはたしかである。

また中世末からは、この女性の文化、価値観を文字に記して唱導する、女性の教養人が登場した。そのことも、のちの時代におおきな貢献をしたといってよい。

17世紀の版画でも、女はあいかわらず「魔女と聖女」として描かれている

エピローグ

本書のまとめ

さて、本書で試みたのは「魔性」と「聖性」をキーワードにして、ヨーロッパ中世・近世の女性史をみとおしてみようということであった。

後期中世から近世にかけて、それまでまわりの住民から頼りにされていた農村の呪術使いの女性が、「魔女」にしたてあげられる。その魔女像は、もっぱら悪魔学者などキリスト教のエリートが考案したものであったが、変革期の農村社会にたちまちひろまった。

しかし、無垢《むく》な女性たちが魔女のイメージを貼りつけられて、さかんに火刑に処せられたおなじ時代に、きわめて華々しい活躍をする聖女が登場した。後期中世から近世にかけての聖女は、その異常ともいえる神秘体験で際だっていた。彼女たちは幻視を見、預言をし、身体に奇蹟的異変を生じた。

この魔女と聖女は、一見両極端でかけはなれたものだが、より子細に見ると、彼女たちは裏表の関係にある。そしてわずかの差で、聖女が魔女に転落することもまれではなかったのである。

このような、魔女と聖女が同時に生みだされた背景はなんであろうか。その源をさぐっていくと、古代以来のキリスト教固有の、女性蔑視と女性崇拝にいきあたる。この種の二極分解した女性観が近代まで貫通しているのはたしかだが、それは時代によって姿形をかえ、霊的な差別、社会的な差別、医学的な差別など、さまざまな差別をもたらした。

では女性は、これら女性蔑視と女性崇拝のイデオロギーの支配するなかで、いかに生きたのか。そのことを本書後半では考えた。

中世の女性が宗教的な救いを求めるとき、かならず支配的な宗教イデオロギーに呼応する行動をとらざるをえなかった。それは、当初は、女性性を無化するかたちをとった。それを実現する場所が、外界から隔離された女子修道院であった。しかし時代が下って盛期中世になると、女性のままであっても、つまり処女をうしなったり母になっても、救われる道がひらかれることになった。

しかしそこにひらかれた道は、あいかわらず女性の劣等性や罪深さを前提にしたものであり、さらに、それはなにより、男性によっておしつけられたものであった。ところが中世末には、聖女たちのからだをはった行動に明らかなように、女性であることを存分に主張しつつ、女性であるからこそ救われるのだという画期的な考えも登場したのである。

一方、世俗に生きる女性は、現代人の先入見とは異なり、多くの場合、仕事でも家庭でも男性にそれほどおとらぬ権利をもっていた。しかし、女性蔑視のイデオロギーは、しばしばこのたてまえの権利を侵害して、現実の抑圧にみちびいた。時代とともにその抑圧は厳しさをまし、初期中世において可能であった政治的活動や社会的昇進は、十二世紀以降、ほとんど不可能になってしまった。

公的な場所から排除された女性たちは、しかし私的な場面では隠然たる力を発揮し、また女性独自の感受性をみがいた。女性たちは女性固有の社交をくりひろげ、そこで情報を交換するとともに、男性のものとはまったく質のことなる文化をはぐくんでいった。

こうしたおもてにあらわれないが密度の濃い女性文化の伝統は、のちに女性知識人を生むことになる。そして、中世末から登場したこの新しい女性たちが、女性独自の価値観の上にたって、男性のイデオロギーと対決してゆくのである。

女性だけが解放されることはない

さて、十七世紀なかば以降には、魔女はいなくなり、また聖女もなりをひそめる。魔女が消えたのは、デカルトなどによる科学的合理主義が、呪術・妖術への信念を弱めさせたということが、まず理由としてあげられよう。雹《ひょう》をふらすのは妖術によるのではなく、神の摂理、あるいは自然の理に属するのであり、理性的に説明できる。聖女も、超自然への信仰がうすれて奇蹟がそう簡単にみとめられなくなり、またプロテスタントによる聖者崇拝批判もあって、数をへらすことになる。

それでは、魔女や聖女と不可分であったゆがんだ女性観は、近代にいたって姿を消したのだろうか。そんなことはない。男性の女性恐怖と女性崇拝は、姿かたちを変えながら、いつまでも残りつづける。

十七・十八世紀には、「女嫌い」の言説はいよいよ過激になる。たとえば女性を、「ハエをつかまえるために、有毒な腹からか細い糸をつむぎ出している、汚ないクモ」にたとえる者さえあらわれる。しかし、他方には、優美で情深い女性の美質を絶賛するような論者もいたのである。

また、女性恐怖と女性崇拝は、十九世紀のロマン主義の主要テーマでさえある。そこでは、女性蔑視と虐待が平然と語られるかと思えば、逆に、透きとおった麗しい天使としての女性の崇拝も、同時におこなわれたのである。

これと並行して、医者たちのあいだでは、女のヒステリーについて果てしない議論がつづけられる。それは典型的な女性の症状だとされ、女性のか弱さ、無力さ、未熟さ、制御のきかなさなどと関連づけられる。また、女性の本能的「おしゃべり癖」についても、医者の見解が重視される。こうして男女の性差は、医学的保証を得ていくのである。

女性の社会的地位も、かならずしも向上しない。というのは、中世末から核家族化がすすんだが、これが家長権の強化とむすびついていたからである。国家の構成単位である家を効率的に機能させ安定させるため、女は男に服従させられ、私的領域に閉じこめられることになる。

女は子供に類した存在とされ、法人格を否定される。公職についたり、政治参加したりすることもできなかった。十七世紀半ばのフランスで、女性によるデモ・暴動が政治的に重要な結果をもたらしたが、それもはかないエピソードにすぎなかった。

たしかに、母としての女性、子供の教育者としての女性の役割には、おしみない賛美がささげられる。しかしそのことが、ますます女性を政治・公的領域から排除することになった。

十六世紀の人文主義者や宗教改革者、あるいは十七・十八世紀のモラリストは、女性の家における地位の上昇や、母の役割のすばらしさを説いた。しかしこれは同時に、社会においては女性は周縁化され、家に閉じこめられることを意味していたのである。「男は仕事、女は家庭」という分業がたかだかと宣言される。

事実、十七・十八世紀にはどの都市でも女子学校が多数設立されたのだが、そこで教えられるものは、宗教、読み書き、針仕事だった。それは、よき妻、よき母をつくることを目標としていたのである。

いつでも男たちにとって不可解な存在としての女。わたしの対象としたヨーロッパ中近世社会では、それはきわめて極端であったし、それは今にいたるまですこしも変わらないように見える。

男性は、女性を虐待し抑圧するための言説とイメージをつくりあげ、それを根拠に社会的な差別をくり返してきた。しかし、それは、ほんとうは男性自身の苦悩と弱さを隠蔽《いんぺい》するためではなかったか。女性だけが解放されることなどありえないのではないだろうか。

あとがき

女性史は面白い。現在、多くの専門雑誌が発刊され、多数の書物が矢継ぎばやに出版され、まさに大ブームであるのもうなずける。しかし、これほどむずかしい領域はない、というのが本書を書きあげたわたしの感想である。

魔女も聖女も、面白いテーマだと思って飛びついたのだが、調べをすすめればすすめるほど、薄気味悪く、気色が悪くなって、筆を投げだしたくなったこともしばしばであった。

この薄気味悪さは、魔女狩りを平然とおこない、不気味な聖女を崇めてきたヨーロッパ文明にたいする薄気味悪さであるとともに、そうした悲劇を結果してしまう男女関係の溝の深さに直面しての薄気味悪さということでもあるように思う。

さらに、四苦八苦して書いたわたし流の女性史＝女性論を、だれ（とくに女性）がどのような顔をして読むのだろうかと、その顔がちらついてやる気をなくすことも頻繁であった。

個々の事実については、いくつかの原史料にあたったほかは、既存の諸研究にほぼ全面的におっている。魔女や聖女に関する最近の研究のほかに、「女のからだ」についてのC・W・バイナムのもの、「女たちの十字軍」についてのR・ペルヌーのもの、「女性の仕事」についてのD・ハーリヒィのもの、「読書する女」についてのS・G・ベルのものなどに、おおきく依拠した。

しかし、それにもかかわらず全体の見通し方については、独自性をうちだすことができたと思っている。

本書が成立するには、前著『動物裁判』のときとおなじく、講談社学芸図書第一出版部の丸本忠之氏のお世話になった。とにもかくにも、本書を書きおえることができたのは、ひとえに丸本氏の叱咤激励のおかげである。心から感謝したい。

一九九二年九月

補章　近現代の魔女と聖女——宿命の女《フアム・フアタル》をめぐって

近現代の「新たなイヴ」像

「魔女」と「聖女」は、いずれも科学革命を経て啓蒙主義の時代を迎える頃には、歴史の舞台からその姿を消していく。では十八世紀以降の近現代には、女性の歪んだイメージやそれに触発された彼女らへの差別的扱い、あるいはそうしたイメージによって縛られる女性たち自身の行動や思考もなくなったのだろうか。補章では、その点について少し考えてみたい。

最初に確認しておかねばならないのは、十七世紀末に魔女迫害が事実上終焉しても、女性への日常的な差別という点ではほとんど改善が見られなかった、いやそれどころか、近代もかなり時代が後になってまでそれは継続し、十九世紀がその頂点であったということである。

もうひとつ、十九世紀から二十世紀にかけて、女性解放・男女同権、女性の社会進出へ向けての取り組みが曲がりなりにもおこなわれるようになったとしても、それにもかかわらず、中近世の「魔女と聖女」に象徴される男性による女性存在への畏怖・嫌悪と憧憬の念は、すっかり消え去ることはなく、より文学的・芸術的で洗練されたかたちではあれ、つぎつぎ新たな表象が創られていった事実も覚えておこう。もっとも注目すべきは、「宿命の女」、ファム・ファタル(femme fatale)の形象であろう。こうした新種の「魔女」あるいは「聖女」はいかにして生まれ、それはどんな男女関係、男性の女性に対する妄想にもとづいているのだろうか。そしてそうしたイメージは、現実の女性差別を手助けしたのだろうか。そのことを探ってみたいのだが、まずは現実の女性の立場について、一瞥するところからはじめよう。

近現代の女性の姿

十八世紀以後の西欧の女性たちのおかれた立場は、どのようなものだったのだろうか。ここでは、旧体制打破の先陣を切ったフランスを例にとって、ヨーロッパを代表させてみよう。

一七八九年に勃発した「フランス革命」においては、女性も積極的活動分子であり、大都市とりわけパリではそうであった。女性たちがおびただしい数、デモに参加する姿はたえず認められたし、また都市騒動やバスチーユ占拠にも彼女らは群れをなして加わった。また逃げようとしたルイ十六世とその家族をパリに引き戻すのにも、彼女らは大きく貢献した。そして革命直後には、一部の女性はクラブに加わり、また街区や仕事場でも談論風発、そうした女性の積極的活動を受けて、男女平等と女性の公的空間および家庭内での自由についての議論の流れが、議員らを動かすこともあった。

ところが、こうした女性の革命時の活躍や「自由・平等・友愛」の標語の影響、一部の議員の理解にもかかわらず、第三身分とともに女性が解放され、地位向上することはまったくなかった。女性が声を大きくすればするほど、議員らはよけいに恐れをなしてしまったかのように、女性問題が議会で正式に議論されて制度的な解放につながる、ということはなかったのである。彼ら男性議員の多くにとっては、女性というのは、共和国の「母」としての立場で国家に貢献すべき存在だったのだから。

結局、革命後も女性は公的な政治的議論の場からは排除され、市民としての参政権も制限されたままだった。さらに「国民軍」に参加することもできなかった。議員らはじめ社会の主導層は、つぎのように考えていた——女性というのは、市民だとしても「受動的市民」(citoyen passif) なのであり、納税額の低い男性と同様、女というだけで選挙権の認められない存在である。社会が男女両性で出来ているのはたしかだが、それぞれ役割が違う。両性には異なる召命があり、その垣根は越えてはならない。そして女性は父や夫に従属しており、個人として主体的な自律性はもち得ないのであった。

一八〇四年の民法典、いわゆるナポレオン法典でも、個人の権利の増進の後には、家族の統治こそが政治・社会の秩序を確立するのだと謳っている。「家族の精神」は「シテ(市民社会)の精神」の助けになるゆえ、それを広めていって習俗を法律に結びつけるのがよい、また人は家族という小さな祖国を介して大きな祖国につながる、とされたのだ。未婚女性は父の権威に服し、また夫は妻を保護すべきで、妻は夫に服従しなくてはならない。夫婦の住居を決定するのは夫である。不貞を働いた女は牢屋に入れられうるが、男は罰金のみ、というアンバランスな規定もある。しかも結婚した女性の法的無能力は相続制度にまで広がり、共有財産、いや場合によっては妻の個人財産も、夫が家長として管理できるのであった。この民法典に記入された不平等は、なんと二十世紀後半まで継続する。ナポレオン法典に明瞭なように、十九世紀は「家族」の勝利の時代でもあった。当時、内縁関係はあらゆる階層に広まっており、とくに労働者が結婚外の肉体関係をもつケースは非常に多かった。それでも、民法は結婚のルールを定め、庶子や内縁の妻に権利を与えなかった。社会観察者やモラリストも、こうした婚姻外の者を冷たく見た。

家族の勝利の時代には、男性の仕事が「材木と金属」だったのに対し、女性の仕事は「家族と縫い物」であり、労働者たちには、この考えが広く流布していた。貴族の娘は、父親が結婚まで面倒をみて、持参金も準備したため働く必要はなく、またブルジョワも貴族ほど裕福ではないが、女性が働かないという点では、貴族とほぼ同様であった。これに対し、民衆階級の女性は、働くことを期待されていたのである。

それでも完全に独立して働く女性は自然に反する異常な存在だと考えられて、女性労働には僅かな賃金しか払われなかった。そのかわり男性が女性に屋根を与えていたのである。農村の娘は一二歳になると、家を出て結婚準備のために長時間労働をはじめる。農村の娘、あるいは都市の職人や小商人の娘ら独身女性は、働いて、家族に自分の食費分を節約させ、やがて夫を見つけて貧困との闘いに耐えていく。夫が家庭を与えて、生き残りの闘いをする彼女を護ってくれる。だから彼女ら民衆階級女性の「仕事」は、家事・食事の準備と子供の世話であり、彼女は夫のために家計を節約し、苦労して遣り繰りをする。彼女の移動範囲は、家から洗い場へ、洗い場から市場へ……であった。そして内職として他人のために縫い物と洗濯をする女性もいた。

こうした慣例の元になった理念を創ったのは、一世紀ほど以前の啓蒙主義だと言ってよいだろう。啓蒙主義のフィロゾーフ、あるいは医者や自然学者は、男女は本質が異なる、女性には固有の本質がある、とした。彼らにとって女性の本質は「弱さ」であり、また彼女の身体は、神によって母性へと予定されているのだと説かれた。そうした認識は革命期以後にも引き継がれたのである。

共和政を願ったものの王政を招来した一八三〇年の七月革命、そして議会改革を求める声が急進的な民衆運動に転換した一八四八年の二月革命期には、今のままでは自分たちは奴隷と一緒だし、男の専制に屈している、というような、女性たちの解放を求める声がふたたび上がった。だがこうした声も虚しく、その後の体制でも男女の社会的位置が大きく変わることはなかった。フランスで男性の普通選挙が実現したのは一八四八年二月革命後であったのだが、女性にまで参政権が広がったのは、なんと第二次世界大戦後、一九四五年四月三十日のことであった。

男性は社会に出て働き、女性は家のなかに留まって家を護るという考え、女は妻であり母であるべきだとの風潮は、フランス社会において十九世紀には教育によって強化されることになった。

アンシャン・レジーム期の女子学校では、宗教教育と読み書き算盤の初歩、および裁縫がどこでも基本であった。俗人の教師でさえ、宗教教育に熱心に取り組み、その教育、すなわちお祈りの文句の修得、聖典の初歩的知識の伝達、堅信礼や初聖体拝領の準備とミサの励行などが、道徳・作法と組み合わされていた。そして修道院附属学校であれ、プティット・エコール（工芸技術学校）であれ、卒業するときには労働に向かっていく意欲を存分に有していることが期待されていたため、針仕事の修得も不可欠だった。実際、貧しい娘たちにとっては、女子学校は職業に就くための実業学校であった。

たしかに、すでに革命前の一七六〇年代から、開明的な人たちが女子教育を含めた教育について論じはじめ、教育論が激増していた。啓蒙主義者らは、女子教育をどう改革したらよいかを話し合い、修道院批判を強め、修道女に未来の妻、母を委ねるべきではないとさかんに議論した。しかしそれでも、家庭教育を重視する立場は微動だにしなかった。それどころか、ルソーの『エミール』（一七六二年）で説かれているように、女子教育は男子のためにあり、子供から大人まで、男子に役立ち、彼らが快適に過ごせるようにしなくてはならない。娘たちは彼ら男子から好かれ、尊敬されるために知識を得るのだ、というように、女性の男性や家への服従が、一層強調されたのである。

フランス革命のはじめの頃、一部の識者によって教育改革が提案されたが、伝統的なモデルの力には勝てず、革命議会が国民教育システム設立について議論しても、女性たちは家庭内の領域・知識に閉じ込められつづけた。革命後も、かなりの割合の女性が修道会経営の学校に通っていたため、女性は男性以上に宗教教育の影響を蒙っていた。共和主義者や進歩的思想団体が反発して、教育の非宗教化運動を繰り広げたが、すぐには果たせなかった。サン＝シモン、フーリエら空想的社会主義者にも、女子教育を変えようとするヴィジョンはなかった。十九世紀末に非宗教の学校システムが法制化されるが、そのときでも、男女の教育の中身が大きく違っていたのである。

要するに、十九世紀には教育は原則として厳格に男女別に分けられ、また女性は職業訓練（お針仕事）を受けながらも、家庭の良き母となるべく、道徳的教育が教授されたのである。十九世紀から二十世紀の交には、男女の混在と共通の勉学についての議論がフェミニストや女性教員によって展開されたが、一部の例外をのぞけば、村の小学校などで経済的必要からそれが実現したにすぎなかった。ようやく第二次世界大戦後、小学校から高校までつぎつぎ男女共学学校が出来ていったのである。

二十世紀の職場

第一次世界大戦後は、家事や料理の組織化・効率化が緒に就き、雑誌・料理書・関連団体によって、また諸製品のコマーシャルによって、そのモデルが広められた。だが実際にさまざまな装置が整った広い台所をもてるのは、ごく一握りのエリートの家庭にすぎなかった。さらにフランスでは、イギリスにくらべて電化製品の普及は三〇年も遅れた。アイロン・洗濯機・掃除機などは、ようやく第二次世界大戦後、広まっていったのだ。

たしかに第一次世界大戦前後から、女性でも会社員、とくに銀行業、保険業、産業労働者になる者は倍以上にふえ、それは女性の教育普及にも関係していた。戦後は速記タイピストが女性に任されるようになり、それはタイプライターの普及やオフィス労働の合理化にも後押しされた。その他、郵便業務や給料明細の作成などの仕事にも、主に女性が携わるようになった。それでも取締役・幹部は、男性の独占するところであった。一九三〇年代の経済危機は、またぞろ女性労働への敵対的な言説を広めさえした。

第二次世界大戦後には、家事労働の負担は技術革新の恩恵を受けて軽減されたし、経済の第三次産業化とともに女性の仕事はふえ、女性幹部も徐々にその割合を増していった。さらにより最近では、大学に進む女性が増加し、かつて男しかいなかった判事・検事・弁護士、医者、ジャーナリストにも女の姿が見られるようになった。これは、一九七〇年代からの一連の雇用・労働条件関係の男女平等法制が可能にした事態である。

それでも二十世紀後半以降も、フランスを含めヨーロッパの多くの国々では、女性が職業人となることに積極的ではなく、女性は経済的にも社会的にも、個人ないし市民としての独立・自律性を、完全には実現できていない。彼女らは、サービス業、レストラン業、ホテル業などでのパートタイム労働を強いられ、「パートは家事との両立にもよいのだ」との言説も広められた。女性にはあいかわらず、母親の役割が割り振られているのだ。政治の世界もこうした状況を反映し、フランスの女性議員の割合は、一九四六年には六％、二〇〇二年にも一二％に止まった。その後は、いわゆるクオータ制が導入されるとともに、パリテ法で候補者を男女同数とすることが決められ、急速に女性の割合がふえて、二〇一四年には二六・二〇％にまで達した。それでもまだ全然十分ではあるまい。つまり普通選挙権が女性に開かれても、政治は依然、男性の領域なのである。無論、日本はもっとずっとひどいのであるが……。

まとめてみよう。近現代、およそ十八世紀から二十世紀にかけて、いくら男女平等へ向けての法律が少しずつ整備されようと、あるいは女性の解放を目指す教育が推進されようと、社会は一般に性差別をたくみに隠しつつずっと維持し、女性の特性とは、男性と家族に仕えるものだということを、政治家たちも、産業界も、さらには教育界でも、黙認ないし公認してきたようである。

それは、学問によって強力に後押しされてもいた。前近代のようなキリスト教の影響力が衰えても、哲学や社会科学、医学や心理学が宗教に取って代わった。その御墨付きを得て、雑誌・テレビ・映画などのメディアによって、こうした家庭の妻と母を褒め称える女性の召命論は、堂々と、大規模に普及させられる。そして保存食品のコマーシャルにせよ、家電のコマーシャルにせよ、なにより主婦を標的にして商品を売ろうと戦略を練り、女性＝主婦イメージを強化しているのである。

「宿命の女」登場

では、中近世とは別のかたちではあっても男女差別が潜行しつづけている近現代においては、女性のイメージはどう変わったのであろうか。「魔女と聖女」を引き継ぐようなイメージは出現したのだろうか。

「魔女と聖女」の最盛期には、人類に死をもたらしたのが「イヴ」であり、それがいわば、女性差別の源泉であったことは、中近世の魔女についての議論で指摘したとおりである。だが近現代には、より洗練された「新たなイヴ」像が登場した。とりわけ、十九―二十世紀の交、いわゆるベル・エポック期に突如出現してきた「宿命の女」（ファム・ファタル）に着目しなくてはならない。

「宿命の女」の定義は難しいが、彼女は意識的か無意識的にか、男性を失墜させ、破滅させ、あるいは屈辱的状態に陥れる。彼女は通常、自分の魅力・誘惑力を武器に使う。「宿命の女」は、本質的な殺人者というわけではまったくなく、彼女の悪行は、他人の主観性のなかにしかない。彼女は自分のもてるものをなかなか相手に与えず、それと交換に「降伏」を勝ち取る。犠牲者は生き延びることもあるが、それでも一生、心の傷、あるいは肉体の傷は消えないのだ。

「ファム・ファタル」という言葉の精確な起源は不明であるが、その言葉は一定のイメージとともに十九世紀末に一気に広まる。頂点は一八八〇―一九一〇年の間であろう。そのイメージは、現実と対応するものというより、ファンタスムの領域で、そういうものとしてフランスのみならず、国際的に広まっていった。彼女たちは第一次世界大戦前までの、ベル・エポック期の申し子であり、文学作品あるいは美術作品に、そして音楽とりわけオペラに姿を見せる、エロティックにして怖い妖魔たちである。この時代は、ヨーロッパ諸国が矛盾を抱えつつも、科学的進歩と資本主義勃興を体験し、また政治的・社会的・経済的な進歩を具現して、文化の輝きを誇ったときでもあった。同時に女性の自律性が言挙げされはじめ、男女関係や人間の宇宙での位置が、あらためて考え直された。女性は危険だがまた魅惑的で、その誘惑と危険の潜在性が合わさって、男性にとってより強く魅力が感じられるのだろう。ファム・ファタルは犯罪者でも、性悪女でも、客引き女でもない。彼女は、知的構成物であるよりは、ロマン主義の思考のなかで花開いた感性に語り掛ける形象であった。

この形象が、男ばかりか女をも熱狂させたのが面白い。もともと十九世紀末葉から、文化全体が、象徴的安定性の切断、正常な感覚と価値観の退廃、デカダンスと堕落に直面して、ペシミスティックな世界観に覆われていた。しかもこの時期に、フェミニストは女性解放の要求を掲げ、男性を危機に陥れる。女性は家庭に閉じ込められるべきではなく、そのあるべき姿、つまり永遠の女性に戻るべき、との要求が高まる。その声に応じた革新的な女性たちは、徐々にコルセットを捨て、折り返しを短くし、踝を見せるようになるばかりか、男性の服・ズボンを着たり、短髪にすることもあった。その上、狩りをし、煙草を吸い、自転車に乗り、独立を誇示する挑発的態度をとる女性もあらわれる。まるで「男のような娘（ギャルソンヌ）」(garçonne) だ。

またモダン・スタイルを掲げる工業文明を前にしたファッション業界は、こうした女性を宣伝に使い、新聞雑誌のページを賑わす。男女の性の境界をわからなくさせるギャルソンヌの出現に直面して、医者やジャーナリスト、演劇関係者は、本来あるべき「母にして妻」という女性が消えてしまうのではないか、との懸念を示した。それはデカダンスの徴であり、ヒステリー、伝染病、人種堕落の恐怖……だと。

興味深いことに、この男女の境界を薄めたギャルソンヌがパリ市内を闊歩した十九世紀末から二十世紀初頭に、それとは対照的な「宿命の女」の形象が生まれてきたのである。女性は自然の化身であり、生命の源でありつつ、また深淵でもあって、男を破滅させることがある。そこから「宿命の女」のテーマ系が生まれてきたのであってみれば、これも

「魔女」と同様、まさに女性恐怖の表象であるともみなせようが、しかし男女の差を均して繋げてしまうような、ギャルソンヌなどよりはずっと良いと考える、男性の無意識の深慮遠謀が、この形象創造の裏にはあったのではないだろうか。いくら怖くても、いや破滅させられてもいいから、女は女らしくいてくれ……と、男たちはどうしても女性を女性の領分に押し込めたままにしておきたかったのではあるまいか。

サロメとユディト

では、「宿命の女」の代表例をいくつか見ていこう。聖書が「宿命の女」の格好の源泉となった。まず「マタイによる福音書」と「マルコによる福音書」に登場するサロメである。サロメというのは、ガリラヤの太守ヘロデの後妻ヘロデヤの娘（連れ子）で、母ヘロデヤの不義の結婚を咎めた洗礼者ヨハネを懲らしめるために、父王に願って、父の誕生日に踊った踊りの褒美としてヨハネの首を要求し、その首を刎ねさせたのである。

このサロメこそ、世紀末の女性固有の邪悪さを象徴する、人間精神への破壊的力をもつ者としてもっとも人気があり、小説でくり返し取り上げられ、絵画にも描かれることになった。文学においては、小説家フロベールとユイスマンス、詩人ラフォルグなどがさまざまなバージョンを生み出したが、一八九一年のオスカー・ワイルドの劇『サロメ』によって、多くの特徴が集約される。この作品は、最初フランス語で出されついで英訳されて広まっていった。劇のプロットの中心は、女性の動物的な欲求と男性の理想主義的な希求の闘いであり、そこでのサロメは、邪で悪辣な性の象徴として際だっている。女性の攻撃的なイメージ、その愚かさ、悪辣さ、飽くことのない肉体的欲求などが示され、なかでもサロメの義父ヘロデ王が、七枚のヴェールを脱ぎながら踊る彼女のエロティックなパフォーマンスをしつこく見たがったという倒錯的態度に、女の魔性の力の大きさが反映している。しかし、最後には、ヨカナーン（洗礼者ヨハネ）の首に狂ったような恨み言を言いながら口づけする娘（サロメ）を不埒千万な恐るべき罪人だと認めた男（ヘロデ）が、女性の身体を急いで破壊しないとならないと感づくことになる。

この、ワイルドの原作にもとづくリヒャルト・シュトラウスのオペラの『サロメ』（一九〇五年）は、原作以上におどろおどろしく怖い印象を与えるようだ。サロメは「ソドムの娘よ！　私に近寄るな」と彼女を拒否したヨカナーンを恨み、踊りの褒美に欲しいモノはなんでもやる、というヘロデ王に「ヨカナーンの首！」と何度もくり返す。そしてついに銀の皿に載せられたその首を見て欣喜するのである。

サロメは、絵画にもしばしば取り上げられている。たとえば、クリムトの「ユディトⅠ、Ⅱ」が「サロメ」と再命名された（一九〇五年、一九〇九年）ほか、ギュスターヴ・モロー（一八七六年）、アレクサンドル・カバネル（一八八〇年）の絵、さらにはチェコの写真家フランチシェク・ドルチコルの写真作品（一九一九年、一九二〇年など）などが、よく知られている。

もう一人の聖書の女性、ユディトは、サロメ以上に「宿命の女」のモデルとしてふさわしい、とも言える。旧約聖書外典のひとつである「ユディト記」が典拠である。アッシリア王ネブカドネザルの将軍ホロフェルネスによって包囲されたベトゥリアで、ユディトという名のある金持ちの美しい寡婦が立ち上がる。彼女は、自らの美貌を利用した計画を立て、故郷の首長と老人を集めてそれを話す。そしてホロフェルネスを泥酔させ弱らせたところで、その首を切って自分の町・祖国を救うのである。この美しき烈女を画題として、ティツィアーノ、クラーナッハ、ジェンティレスキ、カラヴァッジョなど、ルネサンス・バロック期の多くの画家が絵を描いたし、十九世紀から二十世紀にも、聖書の人物では彼女ほど華々しく注目を集めた女性はおらず、ドイツのフリードリヒ・ヘッベルやフランスのジャン・ジロドゥの戯曲の題材に取り上げられた。

サロメとユディトの他にも、古代的形象を利用して「宿命の女」を表現した作品は、多数ある。たとえば、フロベール『サランボー』（一八六二年）で有名な、サランボーであり、テオフィル・ゴーティエ『ある夜のクレオパトラ』（一八三八年）が物語るクレオパトラである。両者ともに、数多くの絵画にも描かれた。

また「宿命の女」はオペラにもなっている。サロメのほか、ドビュッシー『ペレアスとメリザンド』（一九〇二年）のメリザンドもその一人である。彼女の魔性は少ないのではないかとも思われるが、それでも彼女が「宿命の女」であることに変わりなかろう。アルモンド国の王子ゴローはある日、森に狩りに出掛ける。そこで泉のほとりに、啜り泣く女性（メリザンド）を見つける。かみ合わない会話をした後、メリザンドの魅力に囚われたゴローは彼女を自分の城に連れ帰って結婚する。ゴローの異父弟、ペレアスはゴローよりかなり年下で、メリザンドと年が近かった。二人は奇妙な会話をしながらも親しくなっていく。城を出ることを決意したペレアスは、最後にと、庭園にメリザンドを呼び出して愛を告白し、二人は抱擁するが、物陰でそれを見ていたゴローが飛び掛かってペレアスを刺し殺す。メリザンドは逃げ、ペレアスとの間にあった真実を言ってくれと迫る夫には何も答えない。メリザンドは、早産で子供を産んで息絶えてしまう。メリザンドは不倫の恋をしたのだろうか。いや、ピアニストでドビュッシー研究家の青柳いづみこが喝破したように（『無邪気と悪魔は紙一重』白水社）、メリザンドは優柔不断なペレアスをも好きにならなかった、というのが真相のようだ。もちろんゴローも愛していなかったのであるが。

さらにオペラで人気を誇った「宿命の女」を挙げていけば、他に、ドイツの劇作家ヴェデキントのルル連作『地霊』『パンドラの箱』を元にしているベルクの『ルル』（一九七九年）のルル、ビゼーの『カルメン』（一八七五年）のカルメン、サン゠サーンスの『サムソンとデリラ』（一八七七年）のデリラ、プッチーニの『マノン・レスコー』（一八九三年）のマノンや『トゥーランドット』（一九二六年）のトゥーランドット姫などがいる。

増殖するファム・ファタル像

しかし、こうした神話や伝説に範を取った「宿命の女」よりも、現実に取材したかのような「宿命の女」のほうが、より怖かったであろう。

十九世紀のフランスには、ファム・ファタルの言葉が広まる以前にもその代表例が見つかる。すなわちウジェーヌ・シュー『パリの秘密』(一八四二年)には、一度見たら忘れることのできない不思議な魅力を湛えた顔をした、クレオール娘のセシリが登場する。混血性がなまめかしさを倍加させている彼女の男性を誘惑するテクニックは堂に入っていて、魅惑された男性たちを欲望の虜にしてしまう。寝室の小窓からしどけない寝姿をわざと相手に覗かせるなど、数々の媚態を見せびらかして、欲望が遂げられない男の苦悩を増大させて狂乱に陥らせ、最後には交わるが、そこで男が息絶える。あるいは、最後に相手から数多くの罪を告白させ社会的に失墜させるばかりか、逃げ出して姿を消してしまい、残された男はといえば、悩ましい美しさの幻に取り憑かれて神経を病んで幻覚を見、ひどい断末魔の姿で息絶えるのである。

もうひとつ例を挙げよう。ピエール・ルイス『女と人形』(一八九八年)のコンチタは煙草工場で働いているアンダルシアの少女という設定であり、そこにはカルメンのパロディー的要素がある。コンチタは、三カ月間通いつめる恋人ドン・マテオに対し、何度も期待を抱かせるものの、愛人になることを拒否し、思わせぶりな言葉を吐きながらなかなか身を任せない。しばらく後に再会すると、今度は衣服を脱ぎ捨て、彼に身を任せる様子を見せるが、ベッドに入って情欲を発散させようと勇んで飛び掛かった男の下半身の前には頑丈無比の貞操帯があらわれ、その防壁に妨げられて欲望を果たせない。彼女は屋敷に囲われることになっても、迫り来る男に、SMよろしくスカートの裾とスリッパの爪先に接吻させるだけで追い返したり、呪いと嫌悪の言葉を吐いたり、仲間の踊り子の弟との交情を見せつけたりして、さんざんいやがらせをする。ついに怒ったマテオが彼女を殴ると、ようやく殴ってくれたことに感謝して、彼のものになる。しかしその後も、これみよがしに不貞な振る舞いに及ぶという奇行をくり返し、その様子を微細に報告して罰してもらうのだ。

これらの作品ほど恐るべき女ではないにせよ、十九世紀の多くの大作家たちが、男性に従わない女性をその作品中に登場させて、非難した。バルザックやデュマ・フィスからゾラやモーパッサンを経てモーラスまで、政治的立場がいかようであれ、作家たちは男女同権の主張や新たなイヴの出現に恐れをなし、その邪悪さを呪って、いささか紋切り型の女性像を描き出している。フランスばかりでなく、ドイツ・オーストリアでもそのとおりで、詩人ハイネは、矮小化された娼婦たち、恐怖を表現する母性、怪物のような女性の形象を呈示したし、ハウプトマン、ホーフマンスタールなどの作品にも、冷酷な処女があらわれる。

かくして、サロメとユディトなどの古代的女性表象を先頭に、市井の女性の恐ろしさ、おぞましさの描写をも含めて、ファム・ファタルたちは、とりわけ第一次世界大戦前に、文学、美術、音楽の世界に増殖したのであった。

さらに、二十世紀の四〇年代から二十一世紀にかけて、彼女らは映画にさかんに登場するようになり、その影響で人びとの精神に取り憑くのだが、この現代版「宿命の女」は、ときに誘惑的であるよりも、攻撃的・暴力的になる。またある男＝個人を破滅させるのではなく、社会全体の災厄にまでなるケースもある。思いつくまま挙げてみれば、「レベッカ」（一九四〇年）、「キャット・ピープル」（一九四二年）、「危険な情事」（一九八七年）、「氷の微笑」（一九九二年）、「トゥームレイダー」（二〇〇一―二〇〇三年）、「ファム・ファタール」（二〇〇二年）などに、現代版「宿命の女」が見つかるだろう。

自然の化身として

子供を産み乳を溢れさせるたわわな乳房、際限のない自然の豊饒を象徴するこうした女性の像は、経済戦争に巻き込まれ疲れ切って帰宅する夫を護り抱いてくれる憩いの自然（＝理想の妻・母）でもありつづける。十九世紀のロマン派詩人たちは、女性というのは自己を喪失していて、自然そのもののおぞましい存在だからこそ、男性が勝手な夢や怖れを抱けるのだ、としたが、しかし同時期、女性はおぞましい存在であるだけでなく、優しく愛おしい、そして暖かく崇高な存在である、ともやはり考えられていたことを忘れてはならない。こちらは「聖女」の系列の末流であろうか。

憧れの女性の姿は、いつも自然と一体化していたが、とくに好まれたのは天使か妖精のように空中に舞う女性イメージ、大気の娘たる女性で、彼女らは男たちに積極的にアプローチする。もはや服従の重さに身動きの不自由になった存在ではなく、秋の枯れ葉のように大気中をクルクル舞い、跳び、欲望をそそり、虹の上に寝ころんだり、風のまにまに漂ったり、竜巻のように舞い上がったり、雪と一緒に空から降ってきたり……といった軽やかな姿が描かれるようになる。世紀末から二十世紀初頭にかけて、もはや社会や男性の圧力に屈しない軽々と飛ぶ女性の姿が登場した、そうした現実の反映とも考えられる。

「空の娘」としての女性以外の自然の化身たる女性の姿を探してみると、「水の娘」としての女性像が強いインパクトをもっていたことがわかってくる。水の娘は、海の波に白い胸をはだけた豊満な裸体を洗わせているヴィーナスやアフロディテとして描かれたり、あるいは波の娘たるセイレーン（上半身が人間の女性、下半身が鳥とされることもある）として描かれたりした。セイレーンは、おなじ仲間のオンディーヌのような、受け身の傷つきやすい女性ではなくて、飽くことのない性欲をもち、危険で野蛮な攻撃的要素を備えている。彼女は大洋に面した岩礁で待ち伏せする。そして美しいが邪な歌で船乗りを誘って洞窟に引き込み、蕩けるような快楽で男たちをその高い使命から引き下ろすのだ。

第三のパターンとしては、森のなかを駆けめぐり、藪をさまよい、あるいは草原で踊る女性たちがいる。いや、そのように活発に動くよりも、森の枯れ葉が巻き上がるなかに何人もの女性が眠っている……というように、むしろ休息して横たわっているシーンに登場するほうが多い。こうした森や庭園といった自然のなかの女性たちは、男に反攻するのではない。いわば植物ないし花としての女性であり、自立的だが温和しい。美しい自然の子たちは、けだるく疲れて、自然の懐に休らっているのであろう。

絵画に描かれた自然の女性たち、彼女らは、水の女性にせよ、あるいは森や草原の女性にせよ、多くは裸であるか、薄衣しかまとっていない。そしてエクスタシーに陥って、気を失っているのか眠っているのか、不活発である。彼女らはあくまで受け身で傷つきやすく、男たちの攻撃欲を誘う。そうした姿を男たちに見せつけて、いわば覗き見させている。凌辱してくれと誘い掛けているのかもしれない。しかし彼女らに触れるには、男たち自身も水の世界や大地と森の世界に入り込み、精神の高みから下りていかねばならない。自然の野蛮な誘いへの応答を迫るそうした要素が、この自然の化身としての女性にはあった。

自然のなかにいる場合だけではない。ベッドやソファーで、若い娘が微睡んでいるシーンが、十九世紀末葉にいかに多く絵画に描かれただろう。男性は責任を取ることなく、覗き見のむずむず感を密かに味わう、あるいは昂ぶる興奮を抑えつつ、官能にくすぐられるのを楽しむのであろう。

こうして、自然の化身となった女性たちは、零れんばかりのエロスを発散して男性の目を惹きつけるのであり、それが時代のリビドーのあり方とマッチしたことが、数多の絵画の主題となった理由だろう。だが彼女らが受け身一方ではないことは、セイレーンの例に明瞭だし、また草花の咲き乱れた野を散策する知的な男が、快活にはしゃぎながらもじつは危険な娘たちに襲われる、といった画題さえある。

恐るべき行動的な存在にせよ、受け身の淑やかな存在にせよ、自然の化身となった美しい女性ほど、自己超克したい男にとっての酷い誘惑はない。野原の花々のようにして男性を取り囲み魅惑する女性たちに、男はどう反応したらよいのか。男の聖なる事業に向けられた頭脳が、女性の単調な歌に蕩けさせられる。ヴィロードの皮膚、けだるい甘い声、腰を捻り背を反り返らせた女性の輝く体の美……本能の生き物たる女が、その神聖な超越の能力から男を引き離そうとする。彼女たちは、男に動物的魅力を見せつけつつ、エロスの世界に引き込む。これは甘い夢なのか、あるいは恐るべき悪夢なのか……。

自然から官能を引き出す女性は、絵画に描かれるだけではない。上述のオペラでも、ドイツの劇作家ヴェデキントのルル連作『地霊』『パンドラの箱』をもとにしているベルク『ルル』のルルは、パッチリとした純潔そうなつぶらな瞳、白とバラ色のはち切れんばかりのピチピチの肉体、咲き匂うようなまくれた唇をもっており、自分を水の精になぞらえつつ、多くの男性を破滅させていったし、『ペレアスとメリザンド』のメリザンドも、森の泉の精で、夫ゴローもその弟ペレアスも、不幸に陥れる。

これらは悪夢の例なのだろうが、しかしそれに幾層倍もして、憧れの気持ちを、自然の化身としての女性に抱いていた男性たちは、多かったのではあるまいか。中近世の魔女と聖女が両極端でありながら背中合わせにくっついた存在であったように、近現代の恐るべき「宿命の女」と憧憬すべき「自然の化身たる女」も、不即不離の関係にあると考えるべきだろう。

ところで、自然の化身としての女性との関係で、十九世紀後半から、女性がしばしば特別な動物と強くむすびつけられるようになったことに注目しよう。

まずは「蛇」である。中近世にもイヴの裔として女性と蛇がともに描かれることはもちろんあったが、十九世紀には、それがますます頻繁になるのである。一八六二年フロベールの『サランボー』では、エロティックな両者の出会い、バール神の礼拝儀式をするサランボーが描かれている。宗教的な戒律で育てられた巫女サランボーは、月の満ち欠けや聖なる蛇ピトンとの不可思議なる交流をもちつつ成長し、儀礼では恍惚境に浸る。蛇と女とのむすびつきは、小説描写のほか、絵画・彫刻の題材にもなり、蛇と女体が絡まって描かれる。両者が愛撫し戯れたり、いや、極端な場合は、女自身が蛇になっている。また世紀末の女性の物腰をあらわすのに、「蛇のような」(serpentine)とか「くねくねした」

(sinueuse) との形容詞がしばしば使われた。

十九世紀の女性。彼女は神経症的で、その身振りはますます迅速かつ痙攣的になる。彼女は身体を捩り、頭を急に縦に横にと振り、突然跳ね上がり、押し殺した叫びを上げ、しかもその声はいよいよ鼻に掛かった意地悪なものになる。その脚の動きはうねうねとうねり、タップリした長い髪は翼のように両肩に懸かり、背中や胸にも垂れている。この世紀ほど、女性の過敏性の満足と、蛇とのシステマティックな出会いを探求し表象した時代はなかった。

だがまもなく、もうひとつの動物が女性と密接にむすびつくようになる。それは「豹」である。もともとは、猫女や魔女の使い魔としての猫など、「猫」が女性には親しい動物であったが、現代では、ネコ科のなかでも、もっともしばしば女性とむすびつけられてあらわれるのは、豹なのである。それはジャック・ターナーやルネ・クレマンの映画のほか、宝飾デザインとして登場するのであり、「宿命の女」のモダンで洒落た徴になった。一九一〇年代初め、パリの宝飾ブランド、カルティエが、裕福で時代の精神に敏感な女性たちを惹きつけるため、そのコレクションの標章モチーフとして豹を取り上げたのがはじまりで、その豹は、エレガントで現代的な女性のシンボルとなって、以後、今日にいたるまで、多くの宝石やアクセサリーのモチーフになっている。

マリアンヌ

さて、自然の化身としての女性への憧れは、それでも、宗教とは無関係ゆえに、聖女の流れを汲むとは言えまい。しかしフランスには、世俗的な理念の象徴でありながら、おそらく聖母マリアの位置に取って代わって創られたと想像される女性像があった。フランス革命が生み出した「マリアンヌ」像である。

第一共和政（一七九二年）が自由の象徴の女性寓意像として考案した「マリアンヌ」は手に槍をもち、フリジア帽（古代ローマに由来する、奴隷解放のシンボル）を被ってあらわされた。彼女は、いくつもの持物を備えて表現されることもあった。たとえば、平等をはっきり特徴づける水準器、力と勇気のシンボルたるライオン、革命の太陽神話を物語る光と太陽などとともに表象されたのである。

ナポレオン一世と王政復古と七月王政の時代、すなわち一八〇四―一八四八年に、マリアンヌは反乱のアレゴリーとして舞台から抹消されたが、一八四八年三月には蘇った。つまり彼女は、パリのデモで振りかざされる人形となり、また切手のデザインにもなったのだが、そこにはフリジア帽はなく、頭に麦穂を載せたケレス（古代ローマの穀物の女神）を思わせるものであった。この時期のマリアンヌは、従軍女商人ではなく、豊饒かつ清澄で栄光に満ちた母であり、子供たちのためにお祭りと微笑みをもたらす強力な乳房をもつ女であった。その胸には二人の子供がしがみつき、三人目は足元で読書に耽っている。あるいは、三色旗をふりかざす女としてあらわされることもあった。いずれにせよ、蘇ったマリアンヌは、まさに共和国の母であり、養い親であり、教育者であった。

自由から生まれたマリアンヌは、やがて共和国の象徴となり、法と権利の体制の受肉となる。国家の標章となったマリアンヌは、いたるところに描かれ彫られた。町中や村中では、とくに役所や中心広場の泉の上に飾られた。貨幣や切手・メダル、あるいは装飾ガラス、ステッキの柄頭などにも彼女は登場し、また家庭のなかでも、まさに磔刑像や聖母のいた位置やナポレオンの胸像に替わって据えられた。彼女の像は十九世紀末まで広まっていく。

マリアンヌ像は、宗教的な像に取って代わって祖国の「祭壇」に飾られた、まさにライシテ(政教分離)の象徴でもある。もちろん国家の政体に批判的な者は、このシンボルをも風刺することになるのだが。第一次世界大戦では、彼女の姿は、兵士らの士気高揚のためにも利用された。その後も盛衰はあれ、一九五八年まで自由の象徴として使われたのである。

なぜ約一世紀にわたって、共和国の象徴像は女性であらわされたのか、実際は民主主義、参政権から、女性は排除されていたのに。一説では、それは国民国家の感情が、女性たちによって家庭の領域で子供らに教え込まれたからだろうという。女性の職分の最たるものは、将来の市民を育てるための母たることであり、国民国家とフランス人の未来は母にこそ宿っているのだ。家庭で習俗、慣習、母語を子供たちに教える女性は、いわば国民国家の兵士なのである。かくして、第三共和政のマリアンヌは、まさに政体の象徴として採用されたが、一九四五年に女性が参政権を得て政治参加すると、マリアンヌは徐々に市民の理想を集約した抽象的性格を失っていく。なにやら逆説的な事態であるが、こうした公的な女性イメージには、現実の女性の公的空間への進出防止を糊塗する機能もあったのか、との疑問も湧いてくる。

性に目覚め反攻する女たち

十九世紀後半のブルジョワは、女性の聖三位一体（母、妻、娘）の力に対して、あまり期待できなくなっていた。というのも、多くの女性が、結婚を家と男性への献身の聖務とは考えなくなってしまったからである。それどころか、彼女らは、家庭の閉ざされた庭で小さな蜂のようにこせこせ働くのでなく、美しく黙っているのでもなく、主人に抵抗しはじめたのである。彼女らは、たんに夫や父親に従わないばかりか、美徳ある女性にだって性欲があり、男性の欲望の受け皿にとどまるものでないことを破廉恥にも主張しはじめ、反自然の逸脱に踏み出したのである。

一八六〇年代からその道の専門家らは、娘たちの秘められた欲望を暴くとともに、その悪しき官能を断罪する。彼らは、自己主張する女性を文明の初期段階に追いやり、男性のみが知性をもち善悪を分別できることをあらためて主張する。女性は直観的な生き物であり、フェミニストの考えの悪影響を受けて、知性を備えていると勘違いしただけだ。そのような女性の知性は、彼女らに憤慨と不満をもたらす弊害の元になっている……と。

いずれにせよ好戦的なアマゾネスが欲望を主張しはじめた今、男性は、平和な家庭のオアシスに別れを告げねばならず、かつての家庭の基礎、健全な社会の礎石が崩れていく。本来、女性の性欲は芽生えたときから圧殺しておくべきだったのに、それを知った女たちは、苦しげで熱病じみた眼をしている。孤独な楽しみ（マスターベーション）は女性を不可避的に衰弱させ眠気に誘う。どんな良き家庭の子女でもそうなりうる……。

十九世紀後半には、ヨーロッパの経済構造が変わった。かつて自発的な決定をすることができた商人・ブルジョワであったが、この時期以降、リスク分割、買い戻しのシステムを採用した企業に勤めるサラリーマンになってしまった。そして、独占企業やトラストの商業団体が市場を支配しだした。こうして、仕事においては組織の駒になって、イニシアティブを発揮できなくなった男性が、家庭でも、自己の権利に目覚めた女たちにその権威と権力を奪われていくのは、二重の苦しみであった。そこに「宿命の女」のイメージが訴え掛けたのだろう。

社会でも家庭でも弱体化する男たちの傍らで、意気盛んな性欲に目覚めた女たち、ふしだらな女たち、男に襲い掛かる女たち。彼女らは、男の知性をなくさせ、かれらを馬鹿にする、と真剣に怖れられた。ユディト、サロメ、デリラ、さらにはオルペウスを襲った狂乱のマイナデスなど、まさに男の頭、知性の座である頭（やサムソンの眼、髪）を切る恐るべき女が、なぜかくもしばしば絵画に描かれ、オペラの題材になり、大人気を博したのかの理由が、そこにあろう。

だがこれは、考えようによっては、マゾ化した男性が、現実の社会における自らの虚弱化に追い詰められて、その補償として、恐ろしい「宿命の女」像を作り上げて喜んでいるともみなせよう。いや彼らはマゾ化しているだけではない。というのも、宿命の女とともに、妖精のような、天使のような、自然の化身としての無防備で受動的な美しい女体イメージが乱舞していったのだが、そこから窺われるのは、気づかれずに覗き見し、あるいはできることなら襲い掛かり、無理にも欲望を満たしたいという、情けないサディズムでもあろうから。この両極に引き裂かれた近現代の「魔女と聖女」の後裔たちは、恐ろしくも魅惑的な、憧憬すべき存在であり、しかも「魔女」のような、現実の女性の大殺戮をもたらす弊害のない点でより洗練され、文化的に高度なイメージであったのだとも評価できるだろう。

付言しておくと、じつは近代には、夫など邪魔な男性を本当に殺してしまう女性も多くいたようだ。かつて薬草の知識が豊富で、近隣の人たちに飲み薬や膏薬の処方をしてその病を癒し、健康・気力を回復させてあげていた中世の女性たち、彼女らは、近世にはその知識を悪用して、しかも悪魔と結託して家畜や隣人を病気にしたり、いや、殺したりすると疑われて魔女のレッテルを貼られた。その「毒殺の伝統」は、なんと近代までずっと健在であったのである。フランスでは一八三〇―一九三九年に四〇〇件以上の毒盛り(毒殺)の告訴・告発があったが、その七割は女性の仕業であったという。家庭で料理を担当する妻は、いつも夫に毒を盛るチャンスがあったし、夫婦仲の悪い夫は、つねに疑心暗鬼であったろう。

*

最近、イタリアの歴史家ジュゼッピーナ・ムッツァレッリ女史が、『女たちの手の中で』という「女性と食べ物」をめぐる面白い着眼の本を出した。本書の現代についての箇所をさらに展開させた講演会が東京大学で開催され、「食べ物のファッションを着る女たち」が紹介された。女性の衣服には、その布地模様やアップリケに食べ物モチーフが用いられるだけでなく、衣服全体が巨大なエビ、アスパラガスとエンドウ豆、あるいは巨大な卵焼きになる大胆なモードが近年流行しているのだという。これはシュールレアリスム、ポップアートの意匠、一種の遊びだろうが、長い間の女性の身体をめぐるディスクールの最終形ともみなせよう。つまり女性の身体は食べられるものになる、という最終形である。

かつて中世後期の聖女たちは、「聖体パンが欲しい」と司祭に何度もねだって、キリストの体を「食べて」救いの保証を得るとともに、一種の宗教的（にして性的）法悦に浸りたがった。だが今の女性は「食べて欲しい」と、自分を装うのである。男性から言えば食べちゃいたいほど可愛い、そういう女になることを願っているようだ。料理を担当する女性は、いつ男性に毒を盛るかわからない、とも怖れられたことは今述べたところだが、今度は、自ら食べ物になろうという魅惑の女性イメージが出現したということか。

男性は、魔女でも聖女でもなくなった女性たちに、それでもなお妄想を逞しくして翻弄されつづけないとならないのだろうか。男女平等の社会空間とは、男女がそれぞれの違いを認め、相手のアイデンティティーに敬意を表しながら、さまざまな場面での機会と権利が対等になればよいのだろうか。だが女性としてのアイデンティティー確立には、それに応じたイメージ形成が必要だろう。古代から創られてきた「魔女」と「聖女」あるいはその後継者の「宿命の女」と「自然の化身のような女」、これらをことごとく払拭すべく、女についてのこれまでの言説・観念のほぼすべてを解体すること、そして男ではなく、女自身が主体的に女のイメージを創っていくことが、今後必要なのかもしれない。

だがどうだろう。これからは、女のイメージは女が創るのだとしたり顔で説いてみても、男の奸計に足を掬われないようなイメージ形成はなかなか難しいのではなかろうか。一九八〇年代、スーパーウーマンのイメージが流行った。これは仕事・キャリアの追求と、子育てと、恋愛追求の三つをいずれも諦めずに、蝶のように軽快に振る舞って鼎立させる女性のイメージだが、これは並大抵の女性には手の届かない境地であった。大多数の女性にスーパーウーマンになれる条件のまったく整わない現状では、そのイメージを宣揚することが、かえって現実の男女の不平等拡大を糊塗し、隠すことに役立つ社会的機能になっているとも考えられる。女性が新たなアイデンティティーを求めて、長い歴史のなかで押し付けられた表象を破砕することがいつかできるのか、今予言することは控えておこう。

文庫版あとがき

講談社現代新書から『魔女と聖女――ヨーロッパ中・近世の女たち』を出版してから、早いもので二三年近くが経過した。装いも新たに、りゅうとしたちくま学芸文庫の列に加えていただけたのは、嬉しいかぎりだ。

欧米の女性史研究は、一九八〇年代前後に急激な盛り上がりを見せ、その総決算として、邦訳もされたG・デュビィ／M・ペロー監修『女の歴史』（全五巻一〇分冊、藤原書店刊）が一九九〇―九一年にフランスでまとめられた。その後も、かつてほどの勢いはなくなったとはいえ、個別テーマについては着実に新たな研究成果が積み重ねられてきている。

今回久しぶりに読み返してみて、三〇代半ばの「若書き」ではあるし、部分的には、その後の研究の進展によってやや時代遅れになったところもあるように感じたが、漢字・かなの統一などの細かな手直しの他は、内容面ではほとんど手を入れなかった。数多の女性史の書物が存在するとはいえ、なぜか両極端な女性イメージに込められた社会的・文化的含意を剔抉していこうとするような研究はほとんどなく、今でもこのままで十分、通用すると思ったからだ。

しかし今回文庫化にあたって、女性とそのイメージの近現代史についての「補章」を付け加えることにした。「魔女と聖女」は、魔女狩りや女性の列聖ブーム終熄とともに終わりを告げたのではなく、姿形を変えつつ、近代、そして現代まで存続しているからだ。たしかに現代でも存続している、のではあるが、ずいぶん軽く、毒にも薬にもならないものになり果てたものだ、とも思える。おそらく女性にとっても、男性にとっても、それは良いことなのだろう、魔女も聖女も、男たちの妄想、あるいは男女の関係妄想に根ざすイメージであり、あるいはその実体化なのだから。だが、こうした女性をめぐる深刻な妄想がきれいに払拭された、二十一世紀の社会とは、男女関係とは、どんなものなのか、ずいぶん味気ないように思えるのだが、こんな感想を吐くのもまた、旧人類男子のひとつの偏見なのだろうか。

文庫版の作成に当たっては、筑摩書房編集局の平野洋子さんに、校正や図版の選択などさまざまな煩瑣な仕事でお世話になった。厚くお礼申し上げたい。

二〇一五年五月

池上俊一

本書は一九九二年十一月二十日、講談社から刊行されたものに補章を増補したものである。

民衆という幻像
渡辺京二コレクション2　民衆論
渡辺京二
小川哲生　編
生活民が抱く「前近代」と、近代市民社会との軋み。著者生涯のテーマ「ひとりの小さきものの実存と歴史の間の深淵」をめぐる三九編を収録。（髙山文彦）

中世賤民の宇宙
阿部謹也
西洋中世の身分差別と賤視の問題に正面から取り組んだ著作。畏怖が賤視に変わる過程を考察、中世の人々の心的構造の核に迫る。（大黒俊二）

西洋中世の男と女
阿部謹也
中世の男と女の関係から西洋史全体を見直した斬新な試み。性愛をめぐる民衆と教会の攻防を通じ庶民の文化を論じる。（佐藤賢一）

中世を旅する人びと
阿部謹也
西洋中世の庶民の社会史。旅籠が客に課す厳格なルールや、遍歴職人必須の身分証明のための暗号など、興味深い史実を紹介。（平野啓一郎）

中世の星の下で
阿部謹也
中世ヨーロッパの庶民の暮らしを具体的、克明に描き、その歓びと涙、人と人との絆、深層意識を解き明かした中世史研究の傑作。（網野善彦）

1492　西欧文明の世界支配
ジャック・アタリ
斎藤広信　訳
1492年コロンブスが新大陸を発見したことで、アメリカをはじめ中国・イスラム等の独自文明は抹殺された。現代世界の来歴を解き明かす一冊。

憲法で読むアメリカ史（全）
阿川尚之
建国から南北戦争、大恐慌と二度の大戦をへて現代まで。アメリカの歴史は常に憲法を通じ形づくられてきた。この国の底力の源泉へと迫る壮大な通史！

中華人民共和国史十五講
王丹
加藤敬事　訳
八九年天安門事件の学生リーダー王丹。逮捕・収監後、亡命先で母国の歴史を学び直し、敗者たちの透徹した認識を復元する、鎮魂の共和国六〇年史。

ツタンカーメン発掘記（上）
ハワード・カーター
酒井傳六／熊田亨　訳
黄金のマスク、王のミイラ、数々の秘宝。エジプト考古学の新時代の扉を開いた世紀の発見の全記録。上巻は王家の谷の歴史と王墓発見までを収録。

ツタンカーメン発掘記(下)
ハワード・カーター
酒井傳六／熊田亨訳
王墓発見の報が世界を駆けめぐり発掘された遺物が注目を集める中、ついに黄金の棺が開かれ、カーターは王のミイラと対面する。（屋形禎亮）

王の二つの身体(上)
E・H・カントーロヴィチ
小林公訳
王の可死の身体は、いかにして不可死の身体へと変容するのか。異貌の亡命歴史家による最もラディカルな「王権の解剖学」。待望の文庫化。

王の二つの身体(下)
E・H・カントーロヴィチ
小林公訳
王朝、王冠、王の威厳。権力の自己荘厳のメカニズムを冷徹に分析する中世政治神学研究の金字塔。必読の問題作。全2巻。

裁判官と歴史家
カルロ・ギンズブルグ
上村忠男／堤康徳訳
一九七〇年代、左翼闘争の中で起きた謎の殺人事件。冤罪とも騒がれるその裁判記録の分析に著者が挑み、歴史家のとるべき態度と使命を鮮やかに示す。

民のモラル
近藤和彦
統治者といえど時代の約束事に従わざるをえなかった18世紀イギリス。新聞記事や裁判記録、ホーガースの風刺画などから騒擾と制裁の歴史をひもとく。

増補 大衆宣伝の神話
佐藤卓己
祝祭、漫画、シンボル、デモなど政治の視覚化は大衆の感情をどのように動員したか。ヒトラーが学んだプロパガンダを読み解く「メディア史」の出発点。

同時代史
タキトゥス
國原吉之助訳
古代ローマの暴帝ネロ自殺のあと内乱が勃発。絡みあう人間ドラマ、陰謀、凄まじい政争を、臨場感あふれる鮮やかな描写で展開した大古典。（本村凌二）

秋風秋雨人を愁殺す
武田泰淳
辛亥革命前夜、疾風のように駆け抜けた美貌の若き女性革命家秋瑾の生涯。日本刀を鍾愛した烈女秋瑾の思想と人間像を浮き彫りにした評伝の白眉。

歴史(上・下)
トゥキュディデス
小西晴雄訳
野望、虚栄、裏切り――古代ギリシアを殺戮の嵐に陥れたペロポネソス戦争とは何だったのか。その全貌を克明に記した、人類最古の本格的「歴史書」。

ディスコルシ　ニッコロ・マキァヴェッリ　永井三明訳

ローマ帝国はなぜあれほどまでに繁栄しえたのか。その鍵は〝ヴィルトゥ〟。パワー・ポリティクスの教祖が、したたかに歴史を解読する。

戦争の技術　ニッコロ・マキァヴェッリ　服部文彦訳

出版されるや否や各国語に翻訳された最強にして安全な軍隊の作り方。この理念により創設された新生フィレンツェ軍は一五〇九年、ピサを奪回する。

アレクサンドロスとオリュンピアス　森谷公俊

彼女は怪しい密儀に没頭し、残忍に邪魔者を殺す悪女なのか、息子を陰で支え続けた賢母なのか。大王母の激動の生涯を追う。（澤田典子）

古代地中海世界の歴史　本村凌二　中村るい

メソポタミア、エジプト、ギリシア、ローマ——古代に花開き、密接な交流や抗争をくり広げた文明を一望に見渡し、歴史の躍動を大きくつかむ！

向う岸からの世界史　良知力

「歴史なき民」こそが歴史の担い手であり、革命の主体であった。著者の思想史から社会史への転換点を示す記念碑的作品。（阿部謹也）

増補 魔都上海　劉建輝

摩天楼、租界、アヘン。近代日本が耽溺し利用し侵略した街。驚異的発展の後なお郷愁をかき立ててやまない上海の歴史の魔力に迫る。（海野弘）

子どもたちに語るヨーロッパ史　ジャック・ル・ゴフ　前田耕作監訳　川崎万里訳

歴史学の泰斗が若い人に贈る、とびきりの入門書。地理的要件や歴史、とくに中世史を、たくさんのエピソードとともに語った魅力あふれる一冊。

法然の衝撃　阿満利麿

法然こそ日本仏教を代表する巨人であり、ラディカルな革命家だった。鎮魂慰霊を超えて救済の原理を指し示した思想の本質に迫る。

親鸞・普遍への道　阿満利麿

絶対他力の思想はなぜ、どのように誕生したのか。日本の精神風土と切り結びつつ普遍的救済への回路を開いた親鸞の思想の本質に迫る。（西谷修）

官能美術史　池上英洋

西洋美術に溢れるエロティックな裸体たち。そこにはどんな謎が秘められているのか？ カラー多数！200点以上の魅惑的な図版から読む珠玉の美術案内。

残酷美術史　池上英洋

魔女狩り、子殺し、拷問、処刑——美術作品に描かれた身の毛もよだつ事件の数々。カラー多数。200点以上の図版が人間の裏面を抉り出す！

グレン・グールドは語る　グレン・グールド／ジョナサン・コット　宮澤淳一訳

独創的な曲解釈やレパートリー、数々のこだわりにより神話化された天才ピアニストが、最高の聞き手を相手に自らの音楽や思想を語る。新訳。

ジョン・ケージ 著作選　ジョン・ケージ　小沼純一編

卓越した聴感を駆使し、音楽に革命を起こしたケージ。本書は彼の音楽論、自作品の解説、実験的な文章作品を収録したオリジナル編集。

ゴダール 映画史（全）　ジャン＝リュック・ゴダール　奥村昭夫訳

空前の映像作品「映画史 Histoire(s) du cinéma」のルーツがここに！ 一九七八年に行われた連続講義の記録を全一冊で文庫化。（青山真治）

増補 シミュレーショニズム　椹木野衣

恐れることはない、とにかく「盗め！」。独自の視点より、八〇／九〇年代文化を分析総括し、多くのシーンに影響を与えた名著。（福田和也）

ゴシックとは何か　酒井健

中世キリスト教信仰と自然崇拝が生んだ聖なるかたち。その思想をたどり、ヨーロッパ文化を読み直す。補遺としてガウディ論を収録した完全版。

卵のように軽やかに　エリック・サティ　秋山邦晴／岩佐鉄男編訳

音楽史から常にはみ出た異端者として扱われてきたサティとは何者？ 時にユーモラス、時にシニカルなエッセイ・詩を精選。（巻末エッセイ 高橋アキ）

グレン・グールド 孤独のアリア　ミシェル・シュネデール　千葉文夫訳

鮮烈な衝撃を残して二〇世紀を駆け抜けた天才ピアニストの生と死と音楽を透明なタッチで描く、最もドラマティックなグールド論。（岡田敦子）

監督 小津安二郎 蓮實重彥

我々は小津の映画に何を見るのか。そしてそのイメージはフィルム的感性をどのように刺激するのか。小津作品の真の魅力の動因に迫る画期的著作。

映像の詩学 蓮實重彥

フォード、ブニュエル、フェリーニ、ゴダール、ペッキンパー……。たぐい稀な感性が読んだスリリングなフィルム体験。著者初の海外映画作家論。

美術で読み解く 新約聖書の真実 秦剛平

西洋名画からキリスト教を読む楽しい3冊シリーズ。新約聖書篇は、受胎告知や最後の晩餐などのエピソードが満載。カラー口絵付オリジナル。

美術で読み解く 旧約聖書の真実 秦剛平

名画から聖書を読む「旧約聖書」篇。天地創造、アダムとエバ、洪水物語。人類創始から族長・王達の物語を美術はどのように描いてきたのか。

美術で読み解く 聖母マリアとキリスト教伝説 秦剛平

キリスト教美術の多くは捏造された物語に基づいていた！ マリア信仰の成立、反ユダヤ主義の台頭など、西洋名画に隠された衝撃の歴史を読む。

美術で読み解く 聖人伝説 秦剛平

聖人100人以上の逸話を収録する『黄金伝説』は、中世以降のキリスト教美術の典拠になった。絵画・彫刻と対照させつつ聖人伝説を読み解く。

イコノロジー研究（上） E・パノフスキー 浅野徹ほか訳

芸術作品を読み解き、その背後の意味と歴史的意識を探求する図像解釈学。人文諸学に汎用されるこの方法論の出発点となった記念碑的名著。

イコノロジー研究（下） E・パノフスキー 浅野徹ほか訳

上巻の、図像解釈学の基礎論的「序論」と「盲目のクピド」等各論に続き、下巻は新プラトン主義と芸術作品の相関に係る論考に詳細な索引を収録。

〈象徴《シンボル》形式〉としての遠近法 エルヴィン・パノフスキー 木田元監訳 川戸れい子／上村清雄訳

透視図法は視覚とは必ずしも一致しない。それはいわばシンボル的な形式なのだ――。世界表象のシステムから解き明かされる、人間の精神史。

ちくま学芸文庫

増補 魔女《まじょ》と聖女《せいじょ》 中近世《ちゅうきんせい》ヨーロッパの光《ひかり》と影《かげ》

二〇一五年六月十日 第一刷発行
二〇二四年二月五日 第二刷発行

著 者 池上俊一（いけがみ・しゅんいち）

発行者 喜入冬子

発行所 株式会社 筑摩書房
東京都台東区蔵前二―五―三 〒一一一―八七五五
電話番号 〇三―五六八七―二六〇一（代表）

装幀者 安野光雅
印刷所 中央精版印刷株式会社
製本所 中央精版印刷株式会社

ISBN978-4-480-09680-7 C0122